RALF BÖNT

Das entehrte Geschlecht

EIN NOTWENDIGES MANIFEST FÜR DEN MANN

Pantheon

MIX
Papier aus verantwortungsvollen Quellen
FSC® C083411
FSC
www.fsc.org

Verlagsgruppe Random House FSC-DEU-100
Das für dieses Buch verwendete FSC®-zertifizierte
Papier *Lux Cream* liefert Stora Enso, Finnland.

Der Pantheon Verlag ist ein Unternehmen der
Verlagsgruppe Random House GmbH.

Erste Auflage
Februar 2012

Umschlaggestaltung: Jorge Schmidt, München
Satz: Ditta Ahmadi, Berlin
Druck und Bindung: CPI – Clausen & Bosse, Leck
Printed in Germany
ISBN 978-3-570-55185-1

www.pantheon-verlag.de

EIN FREUND ERZÄHLTE mir kürzlich, wie die Polizei seine Personalien überprüfte. Er hatte im Büro früher Schluss gemacht, um seine vierjährige Tochter vom Kindergarten abzuholen. Gut gekleidet, mit dem Aktenkoffer an der einen Hand und seiner Tochter an der anderen, entschied er auf dem Weg nach Hause, mit ihr noch auf den Spielplatz zu gehen. Sie wollte das so gerne. Dort richtete er ihr zweimal die beim Spielen im Sand verrutschende Wollstrumpfhose. Mein Freund griff seiner fröhlichen Tochter dazu unter den Rock. Beobachtende Mütter hatten beim ersten Mal schon mit bösen Blicken reagiert und beim zweiten Mal empört die Beamten zu Hilfe gerufen. Binnen weniger Minuten trafen sie ein. Mein Freund musste sich als Vater ausweisen.

VOR ZWEIHUNDERTZWANZIG JAHREN verfasste Olympe de Gouges die Erklärung der Rechte der Frau und der Bürgerin und sandte sie an ihre Königin. Im Anschreiben bat die Frauenrechtlerin um die Mitwirkung der Regentin bei der Wiederherstellung der Sitten, die ihrem Geschlecht jene Kraft und das Ansehen verliehen, die ihm zukämen. »Es kann«, schrieb de Gouges allerdings, »dies nicht das Werk eines Tages sein, zum Leidwesen der neuen Ordnung. Diese Revolution wird sich erst vollziehen, wenn sämtliche Frauen von ihrem beklagenswerten Los durchdrungen und sich des Verlustes ihrer Rechte in dieser Gesellschaft bewusst sind.«

Die Revolution der Frauen hat sich am Ende so viel Zeit genommen, dass sie als solche gar nicht mehr wahrnehmbar ist. Ihre Existenz und ihr Erfolg sind aber nicht zu leugnen. Nicht nur sind die Frauen jeden Alters durchdrungen von der Kenntnis ihres Loses und gestalten ihr Leben bewusst. Wenn man die Texte der de Gouges liest, wird schnell klar, wie vollständig sie sich durchgesetzt hat:

»Mann«, schrieb sie damals, »bist du fähig, gerecht zu sein? Eine Frau stellt dir diese Frage; du wirst ihr doch nicht das Recht dazu absprechen wollen. Sag an, wer hatte dir die selbstherrliche Macht verliehen mein Geschlecht zu unterdrücken? Deine Kraft? Dein Talent? Sieh den Schöpfer in seiner Weisheit; prüfe die Natur in all ihrer erhabenen Größe, der du gleichzukommen trachtest, und nenne mir ein Beispiel, wenn du dich dessen erdreistest, für eine ähnliche Tyrannei. Wende dich den Tieren zu, befrage die Elemente, studiere die Pflanzenwelt, wirf schließlich einen Blick auf all die Spielarten der belebten Materie und lass dich überzeugen, biete ich dir doch dazu die Mittel. Suche, erforsche und unterscheide, wenn du es vermagst, die Geschlechter in jener von der Natur ausgebildeten Ordnung. Überall wirst du sie vereint finden, überall arbeiten sie in harmonischer Eintracht an diesem unsterblichen Meisterwerk.

Einzig der Mann hat sich aus dieser Ausnahme ein Prinzip zurechtgeschustert. Wunderlich, blind, aufgebläht und entstellt von seiner Wissenschaft, fällt er in diesem Jahrhundert der Aufklärung und Vernunft in gröbste Unwissenheit zurück und glaubt despotisch über ein Geschlecht verfügen zu können, das alle intellektuellen Fähigkeiten besitzt.«

Niemand widerspricht dieser vergessenen Rede heute noch. Und die im selben Atemzug geforderten Rechte der

Frau – Ebenbürtigkeit, Freiheit, Eigentum, Sicherheit, das Recht auf Widerstand gegen Unterdrückung, auf freie Meinung und das Kundtun einer Vaterschaft – verstehen sich von selbst. Auch Pflichten kannte Olympe de Gouges übrigens: »Zum Unterhalt der öffentlichen Kräfte und Einrichtungen tragen Frau und Mann in gleichem Umfange bei.« Und schließlich hat die Frau »das Recht, das Schafott zu besteigen, gleichermaßen muss ihr das Recht zugestanden werden, eine Rednertribüne zu besteigen, sofern sie nicht in Wort und Tat die vom Gesetz garantierte öffentliche Ordnung stört«.

Das hier aufgebotene Männerbild ist genauso Konsens, wie die Rechte etabliert sind. Zumindest theoretisch: Niemand bestreitet die Legitimität der Forderungen der Französin, ihrer Vorgängerinnen wie Nachfolgerinnen. Wo sie nicht gelten, wie noch 1990 im Schweizer Kanton Appenzell Innerrhoden, werden sie nachgeholt: Das Bundesgericht gab damals einer Klage von Frauen Recht, die ihr Wahlrecht einforderten. Mit Volksabstimmung der Männer war es 1971 für die ganze Schweiz beschlossen, in Innerrhoden nur nicht umgesetzt worden. Ich kenne niemanden, der darüber nicht in einer Mischung aus Belustigung, Entsetzen und Ungläubigkeit den Kopf schüttelt.

Vielmehr fragt man sich ratlos, wie es zu dem strengen Patriarchat hat kommen können, dem wir jetzt erst entwachsen. Die Forschung hat keine guten Antworten darauf. Nahrungsmangel kann den physisch überlegenen, von Kindern unabhängigeren Mann durch seine Mobilität vielleicht in die Position gebracht haben, über Ressourcen und damit über andere zu bestimmen. Er verließ das Dorf, weil er es konnte, und suchte Nahrung. Gab er diese Position auch in besseren

Zeiten nicht mehr ab? Schließlich ist dem Menschen bei gestilltem Hunger und Durst nichts lieber und wichtiger, als im Selbstwert erhöht zu werden.

Auffallend am Anschreiben von Olympe de Gouges ist denn auch die Annahme, dass ihre Rechte schon einmal gegolten haben. Sie müssen nicht erst erfunden oder begründet werden: Mit Adams Rippe hielt sich die Revolutionärin zum Glück nicht auf. Und ganz selbstverständlich werden heute Deutschland, die New York Times und der Internationale Währungsfonds von Frauen geführt. Man muss darüber nicht mehr aufwändig debattieren. Auch in der Ehe ist das gröbste Unrecht beseitigt. Jeder macht sein Konto auf, geht seiner Arbeit nach und entscheidet selbst, wie er verhütet, ob er es mit dem Partner zusammen entscheidet oder lieber vom Sex absieht. Dass das Recht auf sexuelle Selbstbestimmung im Einzelfall so schwer durchzusetzen wie missbrauchbar ist, kann man nicht als genuines Problem der Geschlechterpolitik ansehen. In einer liberalen, offenen rechtsstaatlichen Gesellschaft ist nicht jedes Risiko zu beseitigen. Öffentliche Skandale nehmen dafür im Rückgriff auf das Recht eine ständige Korrektur der öffentlichen Meinung vor. Das ist gut so. Der so immer neu gebildete Konsens regiert im Privatleben mit.

Trotz noch immer ungleichem Lohn für gleiche Arbeit und der Niederlage Hillary Clintons gegen Barack Obama: Frauen sind auf ihrem Wege der Gleichberechtigung sehr weit. Statt daran zu erinnern, dass manch schwarzer Mann seit 1869 sein Wahlrecht vor manch weißer Frau bekam, und zu mutmaßen, dass Clinton eine solche Niederlage nun wiederholte, sollte man bedenken, wie feminin Obama wirkt. In manchem durchaus femininer als Hillary Clinton. Obama ist eben auch viel jünger. Vierzehn Jahre trennen die beiden, und die jahrzehntelange Präsenz von Clintons Weiblichkeit in der US-amerikanischen Öffentlichkeit hat neben vielen anderen Dingen auch geholfen, Obama den Weg zu ebnen: Es muss nicht immer ein weißer Mann sein. Und beim Wahlrecht lohnt schließlich wie so oft ein genauerer Blick: Nach der Erteilung 1869 wurden für Schwarze nach und nach viele Einschränkungen beschlossen, die erst 1965 aufgehoben wurden. Frauen erhielten ihr Wahlrecht flächendeckend 1920.

Auf keinen Fall muss man daran zweifeln, dass die USA eines Tages eine Präsidentin haben werden. Dass sie eine Frau ist, wird nicht mehr das Auffälligste an ihr sein. Man wird ihr Programm, ihre Biografie und ihre Finanzen so genau filzen, wie die ihrer Gegenkandidaten oder, wie man jetzt gerne sagt, der Mitbewerber. Nein: Die Abhängigkeit der Frau, ihre Unmündigkeit ist nicht mehr das Problem, weder im Zusammenleben von Frau und Mann und Kind noch in der Organisation einer modernen Gesellschaft.

DENNOCH IST DIE Geschlechterdebatte an einem scheinbar toten Punkt. Junge Frauen wollen immer weniger vom Feminismus hören. Sie winken ab, wenn das Gespräch auf ihn kommt. Auf keinen Fall wollen sie noch mit dem Opferstatus in Kontakt kommen, der den Feministinnen anhängt. Lieber nehmen sie deren Errungenschaften als gegeben hin und steuern das Gespräch auf ihre Arbeit oder ihre Ausbildung, der sie natürlich nachgehen. Statt mangelnder Dankbarkeit kann man daraus lesen, dass diese Frauen die Entwicklung abschließen wollen, indem sie die Bedingungen, die zu Anfang der Bewegung herrschten, vergessen machen. Oft höre ich von einer jungen Frau auch, dass sie sich als Frau fühlen und nicht den Männern nacheifern möchte. Solche Sätze werden eher mit gesundem Selbstbewusstsein gesagt als mit dem Nachdruck einer Wut, die aus den Verhältnissen genährt sein könnte.

Manche ältere Frauen reden vielleicht deshalb umso lauter vom Feminismus und fragen: Wie bleibe ich Feministin? Obschon jede soziale Bewegung natürlich ihr eigenes Ende zum Ziel haben muss, indem es ihren Grund eliminiert, wirken diese Frauen, als wollten sie die Frauenbewegung unter den Schutz von Revolutionshüterinnen stellen. Trotz mancher noch ausstehender Restarbeit am nicht-misogynen Sozialstaat wirken diese ewigen Streiterinnen verbissen, denn sie reden Fortschritte klein und blasen Defizite zu Monstern auf. Jüngst wendeten sie sich auch gegen ihre Geschlechtsgenossinnen. Laut schrien sie nach mehr Engagement und mehr Mut zum Entern der einflussreichen Positionen in Wirtschaft und Publizistik. In der Folge gibt es mittlerweile sogar Stimmen gestandener feministischer weiblicher Intellektueller, die sich nicht bevormunden lassen wollen. Es wurde sogar geklagt, der Feminismus mache mittlerweile unfrei. Das ist wirklich keine Kleinigkeit.

Dabei besteht tatsächlich ein kleines Risiko, erstrittene Selbstverständlichkeiten jetzt oder in Zukunft wieder zu verlieren. Zwar werden wir wohl kaum im 21. Jahrhundert eine Zeit ohne Frauenwahlrecht erleben, aber es gibt ein Problem in der weiteren Entwicklung einer Politik der freieren Geschlechter, die auch in die kleinste Einheit des Lebens weiter vordringen soll. Das Problem ist immer noch das alte: der Mann. Er macht bei der ganzen Sache nicht richtig mit. Dabei hat er heute noch mehr Gründe, selbst aktiv zu werden, als es immer schon Gründe gegeben hätte, den Sexismus zu seinem eigenen Thema zu machen. Die Nebengründe sind in Belangen der Lebensqualität von der Freizeitgestaltung über das Sexualleben bis hin zur emotionalen Gesundheit in der Familie angesiedelt.

Der Hauptgrund ist weniger leicht zu relativieren: Es geht um seine Lebenserwartung. Weil er falsch lebt, stirbt der Mann zu früh. Und das hat sich seit dem Zweiten Weltkrieg stetig verschärft. Man darf spitz behaupten: Der Mann fällt zunehmend aus der Zeit, die gekennzeichnet ist durch die Errungenschaften der Moderne. Statt daran voll teilzunehmen, ist der Mann durch seine Passivität in Bezug auf den Sexismus stetig abgewertet worden und wird heute gar qua Geschlecht verspottet. Seine Sexualität gilt in Nachrichten und Unterhaltung entweder als das Lächerliche oder gleich als das Böse schlechthin. Kaum eine Nachrichtensendung, kaum ein Fernsehkrimi kommt noch ohne Sexualdelikt aus. Eine mehrfache Kernschmelze in einem Atomkraftwerk oder das Ende arabischer Despotien rangieren in der Aufmerksamkeit hinter dem Sexualdelikt, hinter der Bedrohung, die der Mann für alle und jeden ist.

Der Mann: Seine Sehnsüchte werden von den Werbestrategen billiger Bekleidungsketten mittels wahnhaft großer retuschierter Diven erst festgeschrieben und dann übers Portemonnaie gebrochen. Sein Genital ist der Witz des Universums. Auch in angeblich gebildeten Kreisen sind Späße auf dem Niveau von Pommesbuden salonfähig: Warum trinken Männer so gerne Latte Macchiato? Oft lacht der Mann selbst am allerlautesten über diese Dummheiten. Er glaubt sich dabei frei und herrschend. Unterdessen werden seine Mailboxen mit Geschmacklosigkeiten der derbsten Sorte vermüllt, sobald er sich einmal verklickt oder ein paar Fotos angesehen hat, die ab dem frühen Abend die Ränder seines Bildschirmes zieren. Seine Herrschaft gilt als für alles Elend der Geschichte verantwortlich, und ohne jedes Nachdenken glaubt man durch mehr Beteiligung der Frauen automatisch eine bessere Welt zu erhalten. Im Straßenverkehr beleidigt man sich mit der Geste einer am männlichen Genital auf- und abfahrenden Hand. Zuhause bevorzugen Mütter die Mädchen, Lehrerinnen bevorzugen sie in der Schule. Mit Jungs geht man gröber um, ablehnend, auch Väter und Lehrer machen dabei mit.

Da ist es nur folgerichtig, dass Polizisten der Tochter meines Freundes auf dem Spielplatz zu Hilfe kamen: Das ist aus der seit Ewigkeiten geforderten Beteiligung der Männer an der Kinderbetreuung geworden. Dieser besonders harmlose Fall gibt die Stimmung um den Mann naturgetreu wieder. An meines Freundes Stelle wäre es mir gar nicht so leichtgefallen, mich als Vater auszuweisen, weil meine beiden Söhne die Nachnamen ihrer Mütter tragen. Und wann immer ich wegen einem Reisepass auf einem Amt war, wollte keine Sachbearbeiterin von meinem Sorgerecht informiert sein. Einmal ließ man es in die Akte eintragen, beim nächsten Mal war es wieder unbekannt. Seine Mutter konnte den Hauptwohnsitz unseres Sohnes ohne mich ändern, ich konnte dies allein nicht rückgängig machen und fand mich in einer Anwaltskanzlei wieder.

Eigentlich müsste ich den Zettel mit dem Sorgerecht immer bei mir tragen, ohne zu sehr zu hoffen, dass er mir auf einem Spielplatz hilft. Ich sehe die skeptischen Blicke der Beamten lebhaft vor mir: Ein Mann, der sich wegen seiner Kinder ausweist? Natürlich riet die Beamtin im Jugendamt seinerzeit der Mutter meines ersten Sohnes auch ab, das

Sorgerecht überhaupt zu teilen. In meinem Beisein, versteht sich. Ohne uns je gesehen oder gesprochen zu haben. Aus Prinzip tat sie das. Im Sinne des Kindes war dieser Rat gewiss nicht. Er galt in unverfrorener Weise dem schlichten Vorteil der Mutter. Der Mann hat es geschehen lassen, dass er als Vater, statt involvierter als früher zu sein, nichts mehr wert ist.

Es gibt Ausnahmen und jüngst auch Widerspruch. Aber wer derzeit über von Frauen ausgeübte Gewalt in der Familie oder die Pflege des Männerhasses in Frauenhäusern schreibt, egal wie profiliert, findet sich leicht auf dem nächsten Podium von Personenschützern flankiert. Veranstalter solcher Debatten erhalten nicht nur vehemente Proteste, sondern auch Drohbriefe. Als ob das nicht gerade bewiese, wie salonschick die Misandrie heute ist.

DER MANN WIRD immer öfter behandelt, als sei er wunderlich, blind, aufgebläht und entstellt von seiner Wissenschaft, wie de Gouges geschrieben hatte. Die Rolle des Mindermenschen wird ihm zugewiesen, und das Merkwürdige ist: Er nimmt das in der Regel gleichmütig hin. Oder muss ich sagen: hochmütig? Das fürchte ich. Mittlerweile nickt er zwar beflissen zu Emanzipation und Gleichberechtigung der Frau. Tatsächlich sieht er im Feminismus meist aber noch immer bloß einen Feind. Jemanden, der ihm etwas wegnehmen will. Das ist zwar nicht ganz falsch, denn Feministinnen wenden sich natürlich gegen ihn, gegen wen denn sonst? Sie machen aber auch Angebote, einige explizite und sehr viele implizite. Außerdem rufen sie zu einem eigenen Spektrum an Forderungen auf.

Eine Bewegung gegen den ganzen Sexismus kann sowieso nur mit dem engagierten Mann zustande kommen.

Zur Begriffsklärung: Sexismus ist die behauptete Minderwertigkeit von Menschen eines Geschlechts, er ist unter Frauen und Männern, was Rassismus unter Weißen und Schwarzen ist, was Glaubenskrieg zwischen Gläubigen oder was Fanatismus unter rivalisierenden Fußballfans ist. Was im Sport mitunter seine legitime Form gefunden haben mag, ist in der Politik und im Privatleben dumm und überflüssig und macht alle Beteiligten unfrei. Im Auge des Unbeteiligten sehen die Kontrahenten aus wie unfreiwillige Komödianten, die sich bis an die Zähne bewaffnet haben und zu jeder Tat bereit sind. Das gilt auch für den Mann in einer sexistischen Welt, die er aktiv oder durch Passivität gegenüber Forderungen verteidigt. Obwohl er davon nur profitieren könnte, hat der Mann den Sexismus nie zu seinem Thema gemacht. So ermöglichte er den Feminismus in seinem Verlauf nicht nur, er erzwang ihn sogar.

ZUGEGEBEN: ZWEIHUNDERT JAHRE nach der Unabhängigkeitserklärung der Vereinigten Staaten von Amerika und der darin enthaltenen »unveräußerlichen Rechte« auf »Leben, Freiheit und das Streben nach Glück« verwandelte der Mann sich von einem vehementen Ablehner oder bestenfalls noch von einem Ignoranten des Feminismus in seinen Unterstützer. Es gab, nach Ausnahmen wie August Bebel, die ersten männlichen Feministen. Das ist jedoch, so sollte man meinen, ein Ding der Unmöglichkeit. Denn wie kann man einer Bewegung beitreten, die sich gegen einen selbst wendet?

Es handelte sich auch nur um einen perfiden Trick. So trat 1975 John Lennon mit seinem Song »The Woman is the Nigger of the World« in der TV Show von Dick Cavett auf. Vor laufender Kamera erklärte der Beatle damals zunächst den Titel, der wegen der Vokabel vom Nigger auf Kritik gestoßen war. Mehrere Radiostationen wollten ihn nicht spielen. Nun bemerkte Lennon abfällig, dass vor allem weiße Männer diese Einwände hätten, mit anderen Worten: die Profiteure des Systems. Nigger bezeichne jedoch ein unfreies Leben. All jene, die ihre Entscheidungen nicht selbst träfen, all jene, über die stattdessen von anderen entschieden würde, seien Nigger. Das gelte laut Lennon für die meisten Amerikaner. So weit, so richtig, wenn auch wohl eine Übertreibung in der Wortwahl. Man kann sie als Zuspitzung in einem unbequemen politischen Diskurs verstehen. Aber nun bildete Lennon in einem an Quantenlogik erinnernden Denkakt das gesamte Elend einfach auf die Frau ab: Yoko Ono habe schon 1969 in einem Interview mit einem Frauenmagazin die Frau als den Nigger der Welt bezeichnet.

Freimütig erzählte Lennon bei Dick Cavett, wie er Ono zunächst auch widersprochen habe und sich erst im Lauf vieler Diskussionen überzeugen ließ. Pikant war, dass Lennon dabei von Yoko Ono in der dritten Person sprach, obwohl sie neben ihm saß. Sie selbst sagte keinen Ton. Was sie diskutiert hatten, erfuhr das Publikum nicht. Lennon, der auf dem Sofa weit nach vorne rutschte, wenn er das Plattencover oder eine Zeitung hochhielt, verdeckte sie sogar beinahe. Ono lächelte angestrengt. Um sichtbar zu bleiben, rückte sie zur Seite. Einmal fuhr sie mit der Hand durch ihr beeindruckendes Haar. Das war ihr Beitrag zum Interview. Lennon, der sehr aufgeregt war und schnell sprach, nahm nicht die geringste Notiz von seiner Frau.

Anschließend spielten sie mit der Band das Lied. Dass sie zusammen spielten, kann man allerdings nicht ernsthaft behaupten. Lediglich eine Trommel schlagend wirkte Ono neben ihrem Frontmann dabei noch verlorener als zuvor auf dem Sofa. Das Ganze sah aus, wie der ungewollte Beweis des Songtitels, und der Zuschauer wohnte der Geburt des Feminismus unter männlicher Schirmherrschaft bei. Sein Markenzeichen verstand jeder: Sexismus ist nicht etwa ein gemeinsames Problem, sondern das der unterdrückten Frau.

Man beleuchtete es ab sofort mit dem zu grellen Licht des Suchscheinwerfers. Das direkt angestrahlte Objekt hebt er hervor wie ein Skelett in der Besenkammer, während alles andere, was noch zu sehen sein könnte, in noch tieferes Schwarz getaucht wird. Denn zwar hat man der Frau am Tisch so wenig zugehört, wie man auf der Straße einen Schwarzen nach dem Weg fragte. Aber dennoch ist man mit Frauen wohl kaum offen, legal und in quantitativer Massivität so umgegangen, wie man es mit Schwarzafrikanern jahrhundertelang getan hat. Wer das behauptet, betreibt zum einen Geschichtsrelativismus, der nie irgendwo hinführt. Und zum anderen kennt er die Geschichte der Sklaverei nicht.

Onos Behauptung ist eine Anmaßung. Aber sie ist eine zweckmäßige und vielleicht gar legitime Technik, die aus der Hilflosigkeit gegen die Ignoranz geboren wurde. Hätte sie es nur bei Dick Cavett selbst formuliert, wäre sie bloß ohne ihren Mann dorthin gegangen, hätte man sie allein eingeladen und ihr zugehört! Denn Lennon nutzte die Gelegenheit für einen letzten so gehobenen wie ingeniösen Chauvinismus: Er besingt die Frau als sein Opfer und festigt seine Position als ihr Patron. Dass er selbst nicht die Ausnahme war, zeigte sich schließlich Minute für Minute. In diesem Schauspiel kommt der Mann auch scheinbar doppelt gut weg: Erstens hat er im Vergleich mit der Frau das glücklichere Los gezogen, seine Rolle ist die bessere, sein Leben das begehrenswerte. Das schmeichelt. Und zweitens ist er so gnädig, der von ihm selbst Unterdrückten helfen zu wollen. Ich sage scheinbar, denn Lennon und Ono unterlagen einer Fehlinterpretation, die gern und noch lange gemacht wurde. Bis heute ist sie Standard. Sie übersahen bei der Analyse den allergrößten Teil der Männer: den ganz normalen Mann.

Eigentlich sollte damals alles in Umwälzung sein: Man befand sich mitten in der Bugwelle der antiautoritären Studentenbewegung und hatte längst weibliche Anteile in der Persönlichkeit von Männern und männliche bei Frauen diskutiert. Nichts sollte unangetastet bleiben. Dennoch war jetzt keine Rede davon, dass die rigide Rollenverteilung von Mann und Frau notwendig beide unfrei macht, dass sie beide Geschlechter in der Wahl ihres Lebensstils beschränkt. Dass die beiden Unfreiheiten sich nicht vergleichen, widerspricht dem überhaupt nicht. Im Gegenteil.

John Lennon wird unter den Benachteiligungen, die der Mann in Verteilung der Aufgaben unter den Geschlechtern klaglos in Kauf nimmt, im Jahr 1975 nicht sehr gelitten haben. Für den Normalbürger sieht das aber anders aus. Warum, frage ich mich seit Ewigkeiten, wollte der Mann nie wissen, was ihm die von Olympe de Gouges manifestierte und von ihren Nachfolgerinnen getragene soziale Bewegung bringen kann, welche Freiheiten er in ihrem Zuge erränge? Die Antwort dürfte einfach sein: Er hätte sich damit in Frage stellen müssen. Dazu war der Mann zu faul, und Faulheit ist das teuerste Laster, sie kostet am Ende immer mehr als der Aufwand, sich beizeiten besser zu organisieren. Das Kuriose und mir Unverständliche ist, dass sich daran wenig geändert hat. Der Mann stellt noch immer kaum Forderungen für sich selbst.

HEUTE KOMMT DER werdende Vater zur Geburt seiner Kinder mit, aber sonst hat sich zwischen Biertrinken und Fußballgucken, diesen beiden effizientesten Zeitvernichtern, zu wenig verändert. Zeitvernichter werden von Menschen benötigt, die überflüssig sind. Offenbar ist der Mann am Wochenende und am Abend überflüssig. Am Tag macht er dafür weiter seine ihm zugewiesene Arbeit und tut so, als habe er keine Bedürfnisse, keine Wünsche und keine Beschränkungen. Seinen Körper, da sind sich nicht nur Mediziner einig, benutzt er wie sein Auto, seinen Rasierer oder eine Flachzange. Das hat fürchterliche Konsequenzen nicht nur im Bett. Zum Arzt geht der Mann nicht. Wenn er krank ist, arbeitet er so lange wie möglich weiter, und gerne auch darüber hinaus. Damit zeigt er seine Leistungsfähigkeit besonders gut. Zur Vorsorge geht er schon gar nicht. Er wird schon nichts haben, denkt er, was so schlimm ist, dass er sich deswegen untersuchen und helfen lassen muss. So stirbt er früher als die Frau.

Schon in den neunziger Jahren des vergangenen Jahrhunderts stellte der Demograph Marc Luy fest, dass in Klöstern kaum eine Differenz der Lebenserwartung für Frauen und Männern zu finden war. Ganz anders ist das im Rest der Bevölkerung: In Deutschland lebten Frauen vor dem Zweiten Weltkrieg zirka drei Jahre länger als ihre Männer, mittlerweile ist diese Zahl auf über sechs in den alten und sogar über sieben Jahre in den neuen Bundesländern angestiegen. In Russland wuchs der Unterschied nach dem Ende der Sowjetunion gar auf vierzehn Jahre. Das mag am Wodka liegen, am Alkohol. Ich habe in der Nähe Moskaus einmal gesehen, wie ein Dorf an einem schönen, warmen Spätsommerabend aussieht: In Hauseingängen und Straßengräben schliefen die Volltrunkenen, auch auf der Straße selbst taten sie das, obwohl man schon als Fußgänger sehr leicht angefahren wird. Kein Mann war in einem nur halbwegs ansprechbaren Zustand. Das erinnerte an die Übertreibungen, die man in feministisch bewegter deutscher Belletristik findet. Dort kann man es wie ein Mantra immer wieder lesen: Der Mann säuft. Der saufende Mann ist Kultur, und gemeint ist: Unkultur. Also müssen wir fragen: Warum säuft der Mann eigentlich? Vierzehn Jahre Differenz in der Lebenserwartung, auch sechs oder sieben Jahre sind schließlich zu viele.

Und die Pointe kommt noch: Wo Lebensgewohnheiten quasi gleich sind, unter Nonnen und Mönchen oder in israelischen Kibbuzim, gibt es diese Differenz nicht. Hier verschwinden die Unterschiede in der Lebenserwartung von Frauen und Männer fast ganz. Biologische oder gar genetische Gründe für das Zurückbleiben der Männer bei der sinkenden Sterblichkeit in Deutschland sieht Luy jedenfalls nicht. Man muss daher fragen: Kann man benachteiligter sein, als am wertvollsten Fortschritt der Menschheit, einer ständig steigenden Lebenserwartung und einer kaum je erträumten Gesundheit durch verbesserte Lebensumstände, nicht voll teilzuhaben?

Diese Benachteiligung wird wohl kaum von einer besseren Bezahlung für dieselbe Arbeit oder der höheren Wahrscheinlichkeit auf ein Bürgermeisteramt im Stadtteil aufgewogen. Aber der Mann dient weiter soldatisch dem Arbeitgeber, dem Staat und der Familie, bis er ins Grab kippt. Sein größter Fehler ist, nirgends einen eigenen Platz zu beanspruchen. Sicherheit, wie sie zusammen mit Freiheit, Eigentum und dem Recht auf Widerstand gegen Unterdrückung am 26. August 1789 in Artikel II von der Französischen

Nationalversammlung in den Menschen- und Bürgerrechten festgeschrieben wurde, gibt es für den Mann gar nicht. Er hat keinen sicheren Ort, beim Militär logischerweise nicht, aber auch nicht in der Gesellschaft. Und als Versäumnis historischen Ausmaßes gibt es einen sicheren Ort für den Mann noch immer nicht in der Familie.

»Soweit ich meine Tanten überblicke«, sagte Marie-Luise Scherer in einer bewegenden Rede in der Berliner Akademie der Künste im Sommer 2011, »war jede eine Herrscherin, die ihren Mann mehr ertrug, als dass sie ihn liebte. Und wenn im Alter diese Männer nicht mehr aus der Küche wichen, nur noch im Wege saßen und ein Faktor der Unordnung waren, machten sie sich bald ans Sterben. Ich kannte keinen einzigen Witwer in der Verwandtschaft, nur Witwen, die sich in der Grabpflege überboten.«

DER MANN IST die ausgesetzte, die heimatlose Figur. Sein größter Trost ist das lässige Knacken der sich abkühlenden Auspuffanlage seines Wagens, der vor dem Reihenhaus darauf wartet, ihn wieder wegzubringen. Solange der Mann fährt, wird er von keinem direkt beansprucht. Sobald er anhält und aussteigt, hat er im Dienst der anderen zu stehen und zu funktionieren. Seit Urzeiten weiß er daher, von sich selbst abzusehen. Den Impuls des Feminismus hat er aus dieser Gewohnheit heraus nicht genutzt, um auf die strukturelle, systematische Gewalt, die gegen ihn verübt wird, zu sprechen zu kommen. Lieber behandelt er sie wie eine Ehrung, als gelte es noch, das Kolosseum in Rom zu betreten. Dort münzte er, wenn er am Ende des Tages noch am Leben war, den Furor der überstandenen Gefahr in erotische Anziehungskraft und sozialen Mehrwert um.

Das Bild, das der Mann von sich gemacht hat, ist noch immer das des Admirals Nelson: Am Ende der Schlacht von Trafalgar ließ sich der Engländer absichtlich erschießen um als perfekter Held in die Geschichte einzugehen. Siegreich über Napoleons Flotte und dabei für das Vaterland gefallen, ins Vaterland eingefahren. Das ist die Vereinigung, die den Mann erlöst. Wer Nelson nicht mehr kennt, der nimmt Tom Simpson, den großen Toten der Tour de France. Bevor Simpson in der südfranzösischen Sauhitze als Spitzenreiter der Tour den Mont Ventoux hinauffuhr, kippte er noch schnell zwei Cognac. Einige Kilometer unterhalb des Gipfels, in der baumlosen Steinwüste mit ihrem gefürchteten Gegenwind, starb er. Heute erinnert eine Ehrentafel am Wegesrand an ihn, und Sportler aus aller Welt legen ihre Wasserflaschen ab oder was immer sie für angemessen halten, ihr Vorbild zu ehren. Jüngst warb der Hersteller von Rennsätteln mit einem Sauerstoffzelt, das mit dem Erwerb seines Produktes offenbar in Reichweite kommt: Ein sprechendes Bild für den Platz des Mannes. Denn Mediziner bemängeln, dass Männer entweder zu wenig Bewegung haben oder beim Sport übertreiben. Immer schaden sie sich, als gelte es, den Körper nicht zu lieben, sondern ihn gleichzeitig zu ignorieren und aus ihm zu holen, was drin ist.

Als Frauen sich gegen die rigiden Rollen zur Wehr zu setzen begannen, hat sich der Mann aber nicht gegen seine gewandt und mehr Freiheit gefordert. Stattdessen hat er sich nach langem Warten nur heruntergebeugt, um zu beteuern, wie unnachgiebig er der Frau im Kampf gegen ihn selbst helfen wird. Deshalb ist er heute das entehrte Geschlecht, das alberne Genital. Wenn er nicht gleich das gefährliche Geschlecht ist, das man bekämpfen muss, wo immer es auftritt.

Wer sähe darin schon einen Widerspruch, solange es nur darum geht, gegen den Mann vorgehen zu können.

Die Zahl allein lebender Männer in Deutschland ist rasant angestiegen, allein zwischen 1996 und 2006 um 36 %. Frauen leben allein, weil sie Witwen sind, Männer, weil sie ledig sind. Ihre Lebenserwartung ist noch geringer als die der Männer in Partnerschaft. Das verwundert nicht. Ich habe Männer gesprochen, die zur Physiotherapie gehen, um einmal angefasst zu werden. Manche mögen übervolle Busse oder stehen gerne im Gedränge von Diskotheken, weil sie dann Körperkontakt haben können. Das mögen Extremfälle sein, aber generell steht der Mann nicht im Mittelpunkt, wie man jahrzehntelang in feministischer Fixierung auf repräsentative Positionen behauptet hat. Er ist auch nicht bei sich oder frei oder gar so etwas Fantastisches wie selbstverwirklicht. Ohne andere, soweit haben wir die Mythen der Nachkriegszeit schon entzaubert, kann man sich ja eh nicht verwirklichen.

Am wenigsten frei sind vielleicht gerade jene im Rampenlicht Stehenden, die so genannten Mächtigen, diese Handvoll Präsidenten und Kanzler und Minister und ihre paar hundert oder tausend Entscheider, die in der Hierarchie unter ihnen stehen. Statt bei sich, frei oder verwirklicht zu sein, was immer man unter diesen Adjektiven verstehen möchte, sind sie Funktionsträger. Wenn der Bundespräsident vom japanischen Kaiser oder vom Papst empfangen wird, dann wissen beide um das Protokoll. Sie mögen sich geschmeichelt fühlen, gehören aber ganz ihren Ämtern und freuen sich schon darauf, im Gästezimmer allein zu sein. So lange wie möglich müssen sie sich in einer Stellung halten, um einer Sache, einer Partei, einer Firma, einem Land, einer

Armee, einer Fußballmannschaft und der Familie zu dienen. Das ist die Rolle des Mannes. Kein Wunder, dass er sich dreimal so oft selbst umbringt wie die Frau. In der Pubertät sind die Zahlen gar acht- bis zehnmal so hoch. Erleben diese Jungen und Männer dabei einen heroischen Moment à la Nelson, oder sind sie nur den Ekel vor einer Welt los, die sich ihrer von Geburt an bemächtigt hat?

DER GROSSE UND grundlegende Irrtum unserer feministischen Zeit ist die Fantasie von der Freiheit eines klassisch maskulinen Lebensentwurfes, wie sie Simone de Beauvoir so aufwendig konstruiert hat. Sie folgte dabei den großen misogynen Autoren der Aufklärung. Es klingt böse, wenn man darauf hinweist, dass es sich nicht nur um das Verlangen nach Freiheit handelte, das hier den Stift führte, sondern auch um den Wunsch nach Teilhabe am Ruhm. Gegen diesen Wunsch ist aber nicht das Geringste einzuwenden. Man sollte nur nicht voraussetzen, dass Ruhm glücklich oder frei mache.

Ein genauerer Blick zeigt zudem, dass der Konstruktionsmangel der feministischen Bewegung schwer zu vermeiden war, nachdem die Männer sich nicht willig zeigten, die neu gewonnene bürgerliche Freiheit mit den Frauen zu teilen. Tatsächlich wurden in der Französischen Revolution mit den Privilegien des Adels sogar die einzigen politischen Rechte von Frauen aufgehoben, weil sie nur den höheren Ständen zugänglich waren. Ersatz gab es keinen. So sind es schließlich Frauen wie Olympe de Gouges gewesen, die gegen den Sexismus aufgestanden sind. Sie erhoben Anspruch auf mehr Möglichkeiten, und es konnte sich dabei nur um den Anspruch auf klassisch maskuline Positionen handeln, um von

Männern besetzte Positionen. Mit allem Recht der Welt wollten sie auch Präsidentin sein. Sie wollen natürlich auch im Aufsichtsrat, im Vorstand und der Chefredaktion sitzen und kämpfen bis heute darum.

Das hatte einen paradoxen Effekt: Sie werteten maskuline Positionen so lange mit Bedeutung auf, bis die Verhältnisse ins Extrem verzerrt waren. Das war nicht gut, denn die permanente Aufwertung schmeichelte den Männern. Sie machten es sich im Vorwurf, unberechtigt die besten Positionen zu besetzen, bequem: Na dann, dachten sie grinsend, holt sie euch doch!

Daraufhin wurden Frauen langsam, über Generationen hinweg, immer maskuliner. Sie wollten wie Männer sein, obwohl die allermeisten Männer bis heute nur einsam ihre Lastwagen fahren, den ganzen Tag auf zugigen Rohbauten Kunststofffenster einsetzen, in Früh-, Spät- und Nachtschichten Schweine schlachten. Die richtig schlauen schreiben, während ihre Kinder zuhause ohne Vaterkuss und ohne Vaterstimme einschlafen, halbe Nächte an Reden, die anderntags ein Anderer hält. Bei alldem ruiniert der Mann zuverlässig seine Bandscheiben und erstickt seine Seele. Manche Männer stehen auch in grauen Anzügen, weißen Hemden und Krawatten vor der Londoner Börse in den Pausen auf der Straße und rauchen hastig ihrem Herzinfarkt entgegen, die Gedanken verengt auf ein paar Zahlen, die Gesichtszüge dies verratend. Nach getaner Arbeit gehen sie einen trinken und auf dem Weg nach Hause für eine Viertelstunde im Bordell vorbei.

Ist das ein Wunder? Wie ein Fußballer in seinem Trikot, ein Handwerker im Overall, der Soldat im Kampfanzug ist der Mann auch hier nicht mehr als ein Funktionsträger. Sein

Köper gehört ihm nicht. Seine Sexualität hat er von sich genauso abgespalten wie die Prostituierten, deren Kunde er ist. Er findet es ja normal, dass im Leben alles Dienstleistung ist.

Männer sind Werkzeuge, die man am besten in eine Uniform steckt. Das negiert ihre Persönlichkeit und betont ihre Funktionalität. Fürs Individuelle muss die Krawatte genügen, da kann man mit Breite, Farbe und Muster einiges machen. Sogar Wissenschaftler, die kreativsten und wichtigsten, leben nicht anders. In den meisten Ländern werden sie im sogenannten besten Alter alle zwei Jahre an irgendeinen neuen Ort in der Welt geschickt, auf dass sie bloß kein Familienleben haben. Kein gesundes jedenfalls. Man glaubt, das störe. Dieses Leben hatte Simone de Beauvoir mit der maskulinen Transzendenz vielleicht nicht gemeint, die sie als Mittel zur Freiheit gegen die feminine Immanenz gestellt sah. Aber was, frage ich mich, hatte sie denn gemeint?

Männer wissen nicht nur, dass sie jederzeit ersetzbar sind, sondern auch, dass sie früher oder später tatsächlich ersetzt werden. Entsprechend uneins mit sich sind sie. Jederzeit bereit, aus dem Flugzeug geworfen zu werden, das ihr Leben ist, das ihre soziale, die gesellschaftliche und familiäre Akzeptanz ausmacht und den zur Existenz berechtigenden Unterhalt verdient, gehen sie nicht über sich hinaus. Vielmehr stehen sie immer schon neben sich. Denn den Moment, in dem sie aussortiert werden, wollen sie in ihrer eigenen Haut lieber nicht erleben. So legen sie sich eine Existenz außerhalb ihrer selbst an. Eine andere Möglichkeit haben sie gar nicht.

Wie ein Tag mit einem Baby, einem Kleinkind oder einem Kind aussieht, ein Tag, in dem nicht Leistung und mit ihr Vergleich, Misstrauen, Konkurrenz, Neid und Intrige die

Koordinaten sind, an denen man sich entlangzusteuern versucht, sondern auch Vertrauen, Zuneigung und Freude, gar Liebe und Körperkontakt, das darf der Mann bis heute bestenfalls ahnen. Daran denken sollte er besser nicht. Zur Befriedigung von die Leistung störenden, weil ablenkenden Sehnsüchten gibt es Männermagazine. Das muss reichen.

Der Einwand liegt auf der Hand: Kinder nerven. Sie zehren einen aus, sind undankbar und gemein. Während echte Freundschaft nur unter freien, frei entfalteten Männern möglich ist, plagen sich die Frauen mit den Plagegeistern: So sieht man es heute, weil Kinderbetreuung zu lange als unbezahlte Arbeit nicht respektiert wurde. Man musste auch auf sie einen grellen Suchscheinwerfer richten. In seinem Schein wuchs Kinderbetreuung zu einer von einem normalen Menschen schier nicht zu bewältigenden Aufgabe an.

Das Aberwitzigste in diesem Zusammenhang sah ich vor ein paar Tagen im Fernsehen. Thema Elternzeit. Ein Vater hat sich einige Monate frei genommen und betreut jetzt seine Zwillinge. Das Fernsehteam begleitete die drei auf den Spielplatz, wo der Papi mit der Schaukel im Rücken und bedeutungsschwerem Nicken erklärt, dass der Alltag mit zwei kleinen Kindern sehr schwer sei. Plötzlich hellte sich sein Gesicht aber ein wenig auf, denn er fügte an: Aber machbar ist das schon! Der Papa, der hier in der Rolle des grell beleuchteten familiären Analphabeten auftritt, kriegt das, so lässt er uns wissen, gebacken. Er hat doch guten Willen! Logisch eigentlich, dass dieser Mann abends nicht nach einem schönen Tag mit den Allerliebsten erfüllt und zufrieden ins Bett fällt und tief schläft. Er fällt restlos ausgelaugt ins Bett, total erledigt. Ausgebeutet. Sex? Vergiss es, vielleicht nächstes Jahr.

In diesem Licht ist es politisch nicht mehr korrekt, auf den Alltag eines gewöhnlichen Berufs hinzuweisen. Nehmen wir zum Beispiel den Inhaber einer Tischlerei mit zwei Angestellten: Er hantiert mit Größen wie Zahlungsverzug, Holzpreisen, Tilgung, Arbeitsschutzgesetzen, mit der Auftragslage, mit der Krankmeldung eines Mitarbeiters, also der Hälfte seiner Belegschaft. Er hat Mieterhöhungen im Kopf und die verschlissenen Lager der Säge, deren Reparatur nicht nur Geld kostet, sondern auch Zeit. Mit den Windpocken der Kinder des gesunden Angestellten ist er konfrontiert, weil der deshalb früher gehen möchte. Seine Frau muss selbst noch zum Arzt. Mit der Angst vor der Arbeitslosigkeit und dem latenten Alkoholismus dieses Tischlergesellen beschäftigt sich der Chef, mit den Steuertricks, die notwendig sind, um den Laden über das Jahr zu retten, und über die man mit dem Steuerberater nur begrenzt offen reden kann. Schmerzen im Knie, ab und zu Blut im Stuhl? Werden wohl die Hämorrhoiden sein, die er sich damals auf dem Bau eingefangen hat, als er jung war und immer auf kalten Steinen herumsaß. Damit muss er mal zum Arzt. Demnächst. Wenn der andere Geselle wieder da ist, die Stadt die nächste Rate für den Rohbau bezahlt hat und die Säge wieder in Ordnung ist.

Wer auf größerer Bühne spielt, sagen wir in der Politik, sollte seine Schwächen noch weniger zeigen, denn in seiner Umgebung sind nur Neider. Never let them see you sweat, das ist einer der Grundsätze von Colin Powell gewesen. Und wenn du in Washington einen Freund brauchst, so heißt es schon seit Harry Truman, dann kauf dir einen Hund. Der politische Gegner sitzt nämlich jeden Abend beim Bier zusammen und berät, ob er dir eine Falle stellen kann über die Steuererklärung, die Freundin oder die Pornos, die er dir notfalls in den Schreibtisch schmuggelt. Und zwar egal, ob er in der anderen Partei ist oder deiner eignen. Für den maskulinen Lebensweg gilt schließlich: Karriere, Konkurrenz, Kollaps. Durchlässigkeit darf er keinesfalls zeigen. Statt seine Rechte nachzulesen und über Freiheit und Gesundheit nachzudenken, fährt der Mann jahrein, jahraus Tour de France: Liberté, Egalité, Brutalité.

Gerade stellte eine schwedische Studie fest, dass Männer, die sich nach Geburt ihres Kindes mehrere Monate freinehmen, länger leben. Nach zwanzig Jahren ist ihre Mortalität um 25 % geringer. Bei vielen hunderttausend pro Jahr in Deutschland geborenen Kindern sind das schon wirklich sehr viele Lebensjahre in sehr vielen Männerleben, über die hier geredet, beziehungsweise nicht geredet wird. Ein bisschen mehr der vom Feminismus so gescholtenen Immanenz würde Männern also nicht nur sehr guttun. Sie ist von vitalem Interesse. Sie ist zentral.

Die Vereinbarkeit vom Familie und Beruf ist für den Mann aber nicht schwierig wie für die Frau. Sie ist unmöglich. Sie ist nicht einmal ein Thema. Komisch, dass Männer nie aufbegehrten. Dass sie nie den Vergleich der Lebensqualitäten anstellten, während sie so massiv um Zulassung der Frauen zu ihrer maskulinen Welt angegangen wurden. Dass sie keine eigenen, komplementären Ansprüche ableiteten. Dass sie nie sagten: Okay, nehmt, was ihr wollt, und gebt, was ihr habt. Dass sie nie empört streikten.

SIE HABEN AUCH, wo sie das tun, mit vehementem Widerstand der Frauen zu rechnen. Denn Frauen wissen, was sie wollen. Konsequent auf die Positionen der Macht fokussiert, haben sie sich bis heute nicht darum beworben, die

Abwasserkanäle von Paris zu reinigen oder samstags das Garagendach neu zu teeren. Keine Frau bewarb sich darum, mit rasiertem Kopf und leerem Blick aus Kriegsgefangenschaft zurückzukommen, um im Gesicht des Ehemannes einen konsternierten Ausdruck und in seinem Bett eine andere Frau vorzufinden. Wollten Frauen, als sie begannen, um ihre Rechte zu kämpfen, wirklich in nassen Klamotten, ohne Schuhe und unterernährt auf einem zugefrorenen See bei Stalingrad im Kessel der Roten Armee so lange mit anderen Frauen ihre vereisten Gewehre im Kreis tragen, bis eine von ihnen eine gnädige Handgranate zündet? Oder glaubten sie im Ernst, kaum an der Macht, allen Krieg unmöglich zu machen? Mit Margaret Thatcher, Condoleeza Rice und Lynndie England lief die Geschichte jedenfalls bislang anders.

Was keine Kollektivschuld begründet. Als Lennon sein Lied von der Frau als Nigger sang, ging es jedoch sehr wohl um eine Kollektivschuld, aber um die des Mannes. Der gefährliche Reiz der Kollektivschuld ist ihre Großartigkeit, wie sie Lennon in der Talkshow verkörperte. Das war nicht ganz neu, schon zwei Jahrzehnte vorher hatte Max Frisch sie in seinem Bericht über den Homo Faber auf bombastische Weise gefeiert.

Fabers Tochter Sabeth, von der er nicht weiß, dass sie seine Tochter ist, wird von einer Schlange gebissen, er eilt aus dem Wasser kommend zu ihr, und weil er unerwartet nackt vor ihr steht, tritt sie erschrocken zurück, stolpert und fällt mit dem Kopf dann unglücklich auf einen Stein. Heroisch ist sein Versuch, sie zu retten: Er saugt die Bisswunde aus, trägt sie barfuß zur Straße nach Athen, wo sie schließlich mitgenommen werden. Rechtzeitig erreichen sie das Hospital, aber sie stirbt an einer übersehenen Hirnblutung, denn er berichtet nur vom Biss, nicht vom Sturz. Schuld tritt hier als sexuelle Machtphantasie eines Geschlechts auf. Wer so gefährlich ist, dass schon sein Anblick tötet, oder trickreicher gesagt: wer solche Schuld trägt, wer mit solcher Schuld geschlagen ist, dem gegenüber kann man nicht gleichgültig sein. Da die Schuld kollektiv, also unpersönlich ist, regt sich Mitleid. Wer würde schon von einem Mann verlangen, dass er gegen diese schuldhafte Natur, gegen diese gottgegebene Schuld, ein Mann mit allem dran zu sein, aufzustehen imstande ist? Die Sühne findet im frühen Tod denn auch ihre perfekte dramatische Form: Er tritt ein, weil Walter Faber mit seinen Magenschmerzen einfach nicht zum Arzt geht.

Zuerst hatte er ja, wo er sich endlich einmal Urlaub von seinen Turbinen nimmt, mit dem Versuch zu tun, die junge Frau nicht zu begehren. Sein Begehren ist schließlich schon die erste in einer langen Reihe der Zumutungen. Die letzte ist seine begrenzte Empathie für einen anderen Menschen, wie es überhaupt, so Sabeths Mutter, typisch für ihn ist, immer etwas zu übersehen. Schließlich steht er mit der Mutter und seinem baumelnden, schuldigen Genital vor der Toten. Zeit bleibt ihm nur noch für einen Heldentod, wie er im Buche steht. Gern bringen der Leser und vor allem die Leserin für ihn dann das Mitleid auf, zu dem er selbst gar nicht in der Lage sein kann. Am Ende fühlen sich alle merkwürdig wohl mit der Einsicht, die sie in die Mängelliste des Mannes gewonnen haben.

Es ist dieser Gassenhauer der eingestandenen Riesenschuld, den John Lennon mit den Zeilen singt: Woman is the nigger of the world. We make her paint her face and dance. Eine solche Macht haben gewöhnliche Menschen nicht über andere, eine solche Schuld können gewöhnliche Menschen nicht tragen. Beim derart Schuldigen muss es sich doch eher um einen natürlichen Herrenmenschen handeln, der seine Größe dadurch frisch unter Beweis stellt, dass er Einsicht erklärt und Besserung gelobt, auch wenn er noch unsicher ist, wie die aussehen soll. Bei den Negern ging das ja auch nicht ohne weiteres, auch 1975 ließ die antirassistische Gesellschaft weiter sehr auf sich warten. Noch hatten Neger nicht bewiesen, dass sie gleichwertig sind, aber irgendwie wird es schon gehen, meint der ewig Schuldige, mit betulichem Blick gutwillig nickend. Wenn einer die Veränderung durchsetzen kann, so die Aussage, dann sowieso nur er selbst: Genauso gut kann man von der Regierung erwarten, dass sie die Steuern senkt.

Dabei ist gar nicht bekannt, dass es die Männer sind, die die Frauen aufforderten, sich zu schminken. Bekannt ist vielmehr, dass sie es selbst tun und dabei eine gewisse Akribie an den Tag legen können, die schon mal nervt, und zwar vor allem Männer. In den Passanteninterviews, die der Publizist Stephan Pregizer zur Männergesundheit geführt hat, sagt eine Dame auf die Frage, weshalb Männer früher stürben: »Weil die zu viel arbeiten, die Männer, und die Frauen machen sich schön.« Im Alter säßen die Frauen dann mit anderen Frauen im Café und äßen das Geld.

ALS LENNON 1975 sein Lied sang, war Thatcher gerade mal Parteichefin geworden. Präsidentin wurde sie vier Jahre später. Sie musste noch männlicher als die Männer sein, so wie Colin Powell noch weißer als die Weißen sein musste, um sich überhaupt durchsetzen zu können, mit anderen Worten: um vom Opfer zum Täter zu werden. Es mutet kurios an, dass Frauen sich den Zugang zum Militär erkämpften. Aber hätten stattdessen Männer sich mit den geschriebenen Menschenrechten in Händen und dem Verweis auf Leipzig, Stalingrad oder ein anderes Schrecknis geweigert, ihrem Auftrag auch in Zukunft gerecht zu werden, dann wäre es gewiss nicht unter dem Thema Sexismus geschehen: Hätten wir bei der Befreiung Kuwaits zu den Frauen sagen sollen, dass sie jetzt mal dran sind? Unter Napoleon sägten sich junge Bauern oft eine Hand ab, um nicht eingezogen zu werden.

Und eine der großen Figuren des 19. Jahrhunderts ist Florence Nightingale, die Begründerin der modernen Krankenpflege. In den verschlammten, stinkenden, zerrissenen Zelten und ungeheizten Häusern am Rande der Schlachtfelder pflegte sie zu Tode, was Waffen, Keime, Hunger, Kälte, Mikroben und Achtlosigkeit von den Männern übrig gelassen hatte. Das Wegwerfwesen, das der Mann bis heute ist, kennt jeder aus unzähligen Filmen: Der amputierte, hustende, fiebrige Soldat mit dem durchgebluteten Kopfverband hat nur noch die eine Hoffnung: Er möchte doch das Lächeln der Schwester für eine Sekunde fangen. Männer sind eben Gentlemen durch und durch. Sie dominieren am oberen Ende der sozialen Skala, aber auch am unteren: Obdachlose, Hilfsarbeiter und chronisch Kranke sind männlich. Gut aushalten lässt es sich auf dieser Skala dort, wo die Frauen siedelten und immer noch siedeln: In der Mitte.

Lennon war mit seiner Erklärung über die Unfreiheit und das fremdbestimmte, um nicht zu sagen geschundene Individuum ja auch sehr nah dran gewesen. Er bog aber vor dem richtigen Schluss falsch ab. Seine Frau war ihm mit der Behauptung, die Unfreie und Unterdrückte zu sein, zuvorgekommen. Sie zog das Recht auf mehr Schutz nach sich, und man muss sagen: auf noch mehr Schutz. Das Ergebnis ist ein gesteigertes Patriarchat. Dabei gab die Frau ja vor, von zuhause rauszuwollen, ins ungeschützte. In die Freiheit? Sie hätte die Schirmherrschaft nicht akzeptieren dürfen.

VERGESSEN WIR NICHT, dass zu Florence Nightingales Zeit auch Frauen zu früh starben. Oft geschah das nach der achten oder dreizehnten Geburt. Man nannte es Auszehrung. Vor einigen Jahren fanden Emily Grundy und ihr Team vom Londoner »Center for Population Studies« in einer Langzeitstudie mit bis zu einer halben Million Teilnehmerinnen heraus, dass das Risiko, verhältnismäßig jung zu sterben, für Kinderlose zwar um ca. 15 Prozent höher ist als für Mütter mit ein bis zwei Kindern. Kinderkriegen verlängert das Leben aber natürlich nicht unbegrenzt: Ein höheres Risiko für einen frühen Tod haben Frauen, die mit unter zwanzig Jahren Mutter werden. Auch Frauen, die Zwillinge gebären, ihre Kinder in Abständen von unter 18 Monaten oder insgesamt mehr als fünf Kinder bekommen, sterben früher.

Ein erster großer Einbruch der Geburtenrate fand in Deutschland Ende des 19. Jahrhunderts statt. Zwischen 1880 und 1900 nahm in Berlin zwar die Zahl der Erstgeburten noch zu, die Zahl der Zweitgeburten sank allerdings um 20 Prozent, der Drittgeburten um 45 Prozent und die der weiteren um fast 60 Prozent. Die Lebenserwartung der Frau war im 19. Jahrhundert dennoch schon höher als die des Mannes, vermutlich um drei Jahre. Ihre Sterblichkeit war die geringere.

Es kann aber bestimmt nicht um den Triumph im Negativen gehen, denn ein Wettbewerb um Erbärmlichkeit ist etwas für Nihilisten. Im Zivilisierungsprozess, der gewöhnlich als Moderne bezeichnet wird, muss es vielmehr darum gehen, nach vorne zu blicken. Statt die Frauenbewegung erst aufzuhalten und dann wie ein lästiges Hobby eines heranwachsenden Kindes zu behandeln oder Frauen und ihren Feminismus großzügig unter Artenschutz zu stellen, hätte man – hätten Männer wie Frauen, hätten alle gemeinsam – schon auf sprachlicher Ebene einen Ismus ablehnen oder nur mit dem Präfix des Anti- akzeptieren sollen. Menschenrechte, das ist unter anderem natürlich nicht Feminismus, sondern bis in die Buchstaben dezidierter Antisexismus. Freiheit und Ideologie schlossen sich auch schon immer aus. So ging das 20. Jahrhundert zum ersten Mal zu Ende, als Albert Camus beteuerte: Ich bin kein Existenzialist.

Wenn er überhaupt einer Partei angehöre, so Camus an anderer Stelle, dann jener der Zweifler. Für seine Zweifel ist der Feminismus aber nicht so berühmt geworden wie für den Fanatismus seiner Protagonistinnen. Simone de Beauvoir sträubte sich überhaupt nicht, Existenzialistin zu sein. Ihrer Idee, Männer seien Transzendenz, mithin Geist, Frauen Immanenz, mithin Körper, wobei das eine freier und womöglich glücklicher mache als das andere, treten wir heute auch mit abnehmendem Verständnis entgegen. Man kann das übrigens nicht grob genug vereinfachen, um über die Willkürlichkeiten hinwegzukommen, die uns die Geschichte beschert hat. Wir wollen längst sehen, was links und rechts des Suchscheinwerferkegels in der Besenkammer noch zu finden ist, in der wir den größten Teil des Geschlechterverhältnisses aufbewahren.

ZU ALLEN ZEITEN wäre es auch bei Untätigkeit der Männer sachlich richtiger gewesen, nur zu sagen, dass Frauen studieren, arbeiten, wählen und in politische Ämter gewählt werden wollen. Und dass nichts dagegen spricht. Aber das hätten sie wohl noch lange so vor sich hin sagen können, wahrscheinlich auf alle Ewigkeit. Weil sie in die dunkle vergessene Besenkammer redeten, verlief sich jedes noch so simple Argument und jede noch so berechtigte Forderung wie das Scharren der Mäuse: ohne jedes Echo. Frauen radikalisierten sich folglich, sich und ihre Methodik. Das hieß paradoxerweise: Sie stiegen zunächst auf das kurzschlüssige Niveau herab, auf dem Männer wie Rousseau oder Fichte ihnen begegnet waren, um ihre Position zu verteidigen. Frauen holten die Männer dort ab, wo sie das Maskuline als aktiv und stark, das Feminine als passiv und schwach bezeichneten.

Im 21. Jahrhundert ist uns das natürlich zu simpel. Oder? Ich stocke jedenfalls pikiert, denn diese Zuschreibung versucht mich zu reduzieren. Sie tut mir weh und beengt mich. Sie ist eine Zurichtung, denn sie setzt mich erstens unter Druck, aktiv zu sein. Sie unterstellt mir zweitens in jedweder Situation Aktivität, auch wenn ich gar nicht aktiv bin, nicht sein will oder sein soll. Und drittens beraubt sie mich grundsätzlich und für immer des Besten und Wichtigsten überhaupt, des aktiven femininen Gegenübers: der starken Frau. Den anderen ernst und gleichberechtigt nehmen, bedeutet schließlich, Ansprüche an ihn stellen zu können und auch tatsächlich zu stellen, wie ich es in einer Partnerschaft tun können muss. Zum Beispiel, wenn ich krank bin oder arbeitslos. Oder pleite oder trauernd oder sterbend. Oder sonstwie glücklos.

Stattdessen wird mir Schwäche verboten: Rousseau regiert uns noch immer. Und auch Beauvoir wies auf den Primat des Phallischen hin: »Nicht nur spielt der Mann im sexuellen Leben die aktive Rolle, sondern in ihm übersteigt dieses Leben sich selbst; er wurzelt in der Welt des Geschlechtlichen, aber er überwindet sie auch; die Frau bleibt darin gefangen. Denken und Handeln haben ihre Wurzeln im Phallus; da dieser ihr fehlt, hat die Frau auf keines von beiden ein Recht: sie kann zwar die Rolle des Mannes spielen, sogar in glänzender Weise, aber es bleibt ein Spiel ohne Wirklichkeitsgehalt.«

Man sieht, wie überholt Beauvoir ist. Sie klingt zu sehr nach Rousseau, zu dessen Zeit der Alphabetisierungsgrad sehr gering war. Wenn wir uns mit unserem heutigen Wissen die Erkenntnisse einer solchen Gesellschaft ansehen, einer Gesellschaft ohne Bildung, dann wirken sie schon wie vom bloßen Tageslicht verzerrt. In ihm erscheint der Mann ja leicht als aktiv, die Frau als passiv. Das ist trivial, aber das ist auch die beide Geschlechter betreffende Verkürzung, die wir bis heute pflegen. Dabei ging der Mensch im 19. Jahrhundert mit echtem Tempo daran, auch das nicht Augenfällige zu erforschen. Elektrizität, Magnetismus und Licht wurden eins, Bakteriologie und Mikrobiologie erfanden die Hygiene und begannen Leben zu verlängern. Man begründete die Psychologie, wenn auch bis heute nicht immer mit den richtigen Absichten oder gutem Erfolg. Man wickelte den Planeten in Untersee- und Überlandkabel: die erste globalisierte Informationstechnik.

Und heute sind wir mitten in der dritten industriellen Revolution. Vom bloß Unsichtbaren sind wir fortgeschritten zu Techniken, die dem am Alltag geschulten Denken nicht leicht zugänglich sind. Wir bedienen uns schon sehr lange der Satelliten und Atomkraft, der Halbleiter und Glasfaser, also der Quanteneffekte und der Relativitätstheorie. Aktien werden weltweit in Millisekunden gehandelt. Wir haben eine erste Hochmoderne erlebt und deren Absturz in menschenverachtende Ideologien. Wir haben danach offene Gesellschaften gegründet, die eine vorher nicht gekannte politische Stabilität erreicht haben. Wir setzen Krebszellen dem programmierten Zelltod aus und schneiden Tumore mit Lasern aus dem gesunden Gewebe. Gebrochene Wirbel reparieren wir minimal invasiv.

Letztens spielte ich zehn Tage nach der Entfernung meines Blinddarms ein Fußballspiel, in der saudischen Hauptstadt Riad. Es waren Frauen nicht nur im Stadion, sondern auch in unserer Kabine. Wenn ich über den Alexanderplatz schlendere, die Sätze Alfred Döblins im Rücken, ist es normal, dass ich mit einem kleinen Gerät am Ohr mit Freunden in New York, Ruanda oder Tokio quatsche und gleichzeitig eine Currywurst bestelle. Wir sind zum Mond gefahren, wollen zum Mars, wir wissen, wann Meteoriten auf uns zukommen, und die Wettervorhersage trifft meistens zu. Soldaten führen vom Computer aus Krieg. Irgendwo im mittleren Westen der USA geht der Schütze nach getaner Arbeit über die Straße nach Hause zu seiner Familie. Wir haben SARS und die Vogelgrippe durch konzertierte Aktionen von Menschen auf allen Kontinenten besiegt. Sie mussten ihre Eitelkeiten und ihr Eigeninteresse dafür zurückstellen. Aids ist nicht das geworden, was man befürchtet hat. Wir haben die Antimaterie entdeckt, und ich weiß nicht, wo ich mit dieser Aufzählung der modernen Errungenschaften aufhören soll, vielleicht bei Windschutzscheiben, die nicht mehr nass werden oder diesen Spülmaschinentabs, die in wasserlösliche Folie verpackt werden? Ich benutze die gerne.

Wir haben heute schon große Mühe, uns eine Welt vorzustellen, in der man den Nachthimmel noch gesehen hat.

Seine Bedeutung ist verloren gegangen, während wir mitten in einem Entwicklungsschub stehen, in einer technischen, medizinischen und ethischen Revolution, die das Leben der Menschen am Ende dieses Jahrhunderts so gründlich verändert haben wird, dass Lehrer noch sehr viel mehr Mühe haben werden, ihren Schülern zu vermitteln, wie antiquiert, sinnlos und elend die Welt im vorigen Jahrhundert ausgesehen hat. Dem zwanzigsten. Die Schüler werden die Köpfe schütteln.

Die Moderne ist unser Zivilisationsprojekt, das jede unsichtbare Zukunft zu erreichen scheint. Längst gibt es auch lustiges, luxuriöses: einen Studiengang Kommunikationsdesign und Fußballspieler, die ihn zur Analyse ihrer Spiele offensichtlich absolviert haben. Hebammen erklären uns die paradoxe Intervention. Nur Mann und Frau bilden wir noch immer nach einer banalen Äußerlichkeit ab, als lebten wir im Mittelalter: Mann erigiert, Frau verschlossen.

DIE REDUZIERUNG DES Mannes auf das Aktive und Starke, die ein Verbot der Passivität und der Schwäche ist, empört mich. Ich habe große Lust weit hinauszugehen über das Bild des beschränkten Blickes einer Gesellschaft auf sich selbst, die sich entweder mit borniertem Stolz vormodern unwissend gibt oder mit gutem Grund eine sexuelle Ideologie pflegt. In der heutigen Rechtsprechung wird die sogenannte einfache Pornografie definiert als grobe Darstellung des Sexuellen in drastischer Direktheit, einer die Geschlechtlichkeit in den Schmutz ziehenden oder lächerlich machenden Weise, die den Menschen zum bloßen, auch auswechselbaren Objekt geschlechtlicher Betätigung jedweder Art degradiert. Ich frage: Wie weit sind wir eigentlich davon entfernt, wenn wir in schlechtester Einfachheit vom aktiven Mann und der passiven Frau sprechen, als lebten wir mit Rousseau noch immer Tür an Tür? Und hat Beauvoir sich davon überhaupt abgehoben?

Der Bundesgerichtshof hat Kriterien entwickelt, nach denen Darstellungen aufdringlich vergröbernd, anreißerisch, verzerrend, unrealistisch oder ohne Sinnzusammenhang mit anderen Lebensäußerungen bleiben und daher als pornografisch gelten. Wie grob, reißerisch, verzerrt, unrealistisch und von anderen Lebensäußerungen entkoppelt ist die Reduzierung des Mannes auf das aktive Starke und die der Frau auf das passive Schwache? Sehr weit bis maximal. Ebenso gut kann man, nachdem man die Augen geschlossen hat und das blendende Licht in Auge und Hirn abgeklungen ist, das Gegenteil behaupten. Dass die Frau stark und aktiv ist, weil sie es ist, die – glaubt man Charles Darwin und Charlie Chaplin – den Partner wählt, weil sie das Kind gebiert und fähig ist, eins mit ihm zu sein. Der Mann bleibt schwach und passiv, denn er wird gewählt, er weiß seine Bedürfnisse nicht zu artikulieren, lebt vereinzelter als die anderen und stirbt zu früh.

Aber so weit sind wir natürlich noch nicht. Wie nach dem Blick in ein zu helles Licht, das man auch mit geschlossenen Augen noch eine Weile sieht, obwohl es längst verloschen ist, sehen wir den Mann noch so, wie er seit Ewigkeiten beleuchtet wurde: als Held.

ES LOHNT SICH an dieser Stelle, die Lebensdauer von Bildern grundsätzlich zu betrachten. Wie der helle Fleck nach dem Abschalten der Lampe noch im Hirn fortlebt, obwohl die Lampe längst wieder aus ist, so sehen wir auch Objekte, wie wir sie zu sehen gewohnt sind. Das Fortdauern der

Erregung nach dem Abschalten des Erregers wird mit einem Begriff aus der Physik Hysterese genannt. Man kennt die Hysterese heute auf vielen Feldern, zum Beispiel in der Wirtschaft, wo die Arbeitslosigkeit noch nicht fällt, obwohl die Konjunktur schon wieder angelaufen ist. Das System reagiert verzögert. Der Grund ist derselbe wie beim hellen Fleck im Auge nach dem Abschalten der Lampe: Die Neuronen müssen sich erst neu organisieren, sie müssen sich abregen. Die Gedankenwelten müssen geprüft und abgeglichen und sortiert werden. Was im Fall des Lichtflecks im Hirn innerhalb einer Minute vonstatten geht, ist im Falle der Justierung einer gesellschaftlichen Größe keine Kleinigkeit.

Die Abregung braucht Zeit. Schließlich müssen Informationen transportiert, vermittelt und verstanden werden, bis sich Fakten neu schaffen. Ein Arbeitgeber muss nicht nur die Nachrichten über eine anziehende Konjunktur in der Zeitung lesen, er wartet auch ab, ob sich seine eigene Auftragslage tatsächlich verbessert. Erst wenn das der Fall ist, wird er neue Stellen ausschreiben, Maschinen und Material kaufen, eine neue Produktionshalle bauen. Er wird Autos leasen, Computer und eine Software auswählen und so weiter. Und bei fallender Konjunktur hinkt er der Entwicklung wieder hinterher, bis er Angestellte entlassen und die Maschinen verkauft hat.

Die Verzögerung des Systems gegenüber seiner Umgebung hat einen wichtigen Vorteil: Es hat ein Gedächtnis. Dieses Gedächtnis, auch als Pfadabhängigkeit bezeichnet, verhindert die Rückkehr in den Ausgangszustand, der vor der Erregung herrschte. Stattdessen speichert es die Information der letzten Erregung für eine endliche Zeit. So weiß das Auge noch von der hellen Lampe, die eben brannte, es hat das Bild noch parat. Der Unternehmer erinnert sich noch gut an die letzte Krise. Erst eine neue Erregung kann den Zustand dauerhaft verändern. Beim Unternehmer wird das spätestens der Moment sein, in dem er Verluste macht, weil er noch nicht eingestellt hat. Er überreagiert dann vielleicht und investiert etwas zuviel, was er in der nächsten Runde wieder korrigiert. Equilibrium ist nicht erwartbar, Hysterese ist ein Kreisen um den Mittelpunkt. Man kennt das auch von jeder Mode: Röcke werden kürzer und länger, Autos eckiger und wieder runder.

Die Pfadabhängigkeit führt beim Rassismus, von dem in jedem von uns etwas vorhanden ist, dazu, dass man sich nicht wirklich vorstellen kann, wie ein Schwarzer als Präsident genug Format haben soll, um die Funktion auszufüllen. Wir haben eben noch keinen erlebt, der uns ein Passepartout dafür angelegt hätte. Im Sexismus gilt dasselbe für Frauen. Dieses konditionierte Gedächtnis nötigte Frauen wie Yoko Ono zur Übertreibung: Je stärker der neue Impuls, desto schneller ändert sich der Zustand des Systems, das hier die Gesellschaft mit vielen Einzelmeinungen ist, die zusammen eine Grundstimmung fabrizieren. Um vorwärtszukommen, muss man die Sache überreißen, sonst dauert es unendlich lange, bis man am Ziel ist. Zumal, wenn die Ausgangslage weit vom Gleichgewicht entfernt ist.

ICH SUCHE ABER höchstens eine Erklärung und gewiss keine Entschuldigung für die herrschende Sexualkultur oder die nicht besseren Alternativen des Feminismus. Unter Kulturtheoretikern hört man von Pornografie gern als der unzulässig entproblematisierten Darstellung eines an sich komplexen Sachverhalts. Ich fühle mich in der Rede vom aktiven

Mann und der passiven Frau pornografiert. Ob diese Pornografie nun vormodern oder feministisch ist, sie stellt mich unzulässig verkürzt dar und ohne genügend Lebensäußerungen berücksichtigt zu haben, wie es so schön im Gesetz heißt. Das sage ich übrigens als jemand, der bis zu einer Recherche vor ein paar Monaten nie eine filmische Pornografie angesehen hat. Ich mag das nicht. Ich habe lieber meine eigenen Bilder im Kopf von einer Sache, die nicht vom Visuellen dominiert ist und die, wenn ich sie mit einer Partnerin erlebe, nichts als die unvergleichliche, momentane, situative und unsrige ist.

Man kann auch in der Literatur nachlesen, sie legt den Blickwinkel weniger fest. Zuletzt schrieb Jonathan Franzen sehr amüsiert über die Lokomotive und den Tunnel, der die Erlaubnis zur Einfahrt an Bedingungen knüpft und wochenlang verweigert: Wer ist hier passiv, wer aktiv? Die Lokomotive wartet in Franzens Realismus jedenfalls, bis das grüne Signal kommt. Das ist natürlich, bei allen möglichen Abweichungen, der Normalfall.

Wer es gern etwas ernster und haltbarer formuliert hat, mag Paul Nizon lesen. In den Caprichos *Im Bauch des Wals* erfindet Nizon den Mann als Marschierer, und der Marschierer ist ein Ausgelieferter, er möchte eines: ankommen. Ist und bleibt das aktiv? Er ahnt die Möglichkeit zur Ankunft, wenn er in der Aura einer Frau zu wohnen beginnt. Er folgt dem Ruf und möchte ihr das Beste von sich geben. Er fragt: Was ist das Beste? Zur Zeit mögen Frauen nicht gern hören von diesem Mann, der nicht die Transzendenz in der Welt feiert, der nicht über sich hinausgehen möchte, es sei denn zu ihr. Aber auch mancher Mann reagiert ablehnend. Der einsame Wolf sei out, hörte ich jahrelang, wenn ich das

Buch empfahl. Nizon, der in Paris wohnt und in Frankreich ein sehr bekannter und gefeierter Autor ist, pflegt nicht den geringsten Heroismus in seinen feinfühligen Schilderungen, die immer auf dem Grat gehen, an deren Ende eine Erfüllung, links und rechts aber die Enttäuschung liegt. Sie ist immer groß genug, einen Mann aus der Bahn zu werfen: Hier liegt der Schlüssel zum Missverständnis, das uns seit Jahrhunderten ärgert.

Aber über den Mann redet es sich derzeit nur schick, wenn man ihn als Dominator gleichzeitig auf- und abwertet. Ein Freund, Philosoph und Autor, schrieb mir, nachdem er meinem Lesetipp gefolgt war, immerhin: Was »Im Bauch des Wals« steht, ist einfach wahr.

WIR MÜSSEN AUCH an die sexuellen Praktiken erinnern, wie sie vor dem Erfolg des Feminismus herrschten. Sie waren nicht gut. Der Mann hatte ungenügenden Kontakt zu seinem Körper und ließ sich zu wenig auf die Lust ein, zum Nachteil vor allem der Frau. Er kümmerte sich nicht um Verhütung. Das ist besser geworden, aber nicht im Sinne einer Selbstverständlichkeit, sondern als Pflichtübung. Insgesamt ist die Sexualität kaum entwickelt, weil der Körper des Mannes und besonders sein Genital nicht besser angenommen wurde, sondern noch weiter ins Außen rückte, ins Unannehmbare.

Der westliche Mensch versucht eh, nicht sexuell zu sein. Er lebt Sexualität nicht, er erledigt oder praktiziert sie meist als sanitäre Angelegenheit. Auch das stammt noch aus vormodernen Zeiten. Diderot hat gesagt, die Liebe sei das lüsterne Aneinanderreiben zweier Gedärme, und heute denken wir immer noch so. Das sieht man schon an der Geringschätzung der Genitalien. Dem Kind bringt man bei, sich die Hände zu waschen, nachdem es auf dem WC war. Dabei rät jeder Hygieniker mindestens ebenso zum Händewaschen, bevor man sich intim berührt. Dass die Geschlechtsorgane gleichzeitig für das Niedrigste und das Höchste verantwortlich sind, ist uns weniger bewusst, als wir das Höchste einfach auch zum Niedrigsten zählen.

In der Folge ist an eine Gestaltung der Sexualität kaum zu denken. Paare reden nicht viel darüber, auch dann nicht, wenn sie glauben, es zu tun. Eine sexuelle Kultur gibt es nicht. Das erklärt aber noch nicht, warum Frauen den misogynen Autoren folgten, die die Geschichte vom starken, aktiven Mann erfanden. Rousseau schrieb ja, die Frau sei eigens geschaffen, dem Mann zu gefallen. Ich vermute, dass er von seiner Ausgesetztheit nicht sehr angetan war, das Abwarten der Lokomotive auf Erlaubnis des Tunnels zur Einfahrt als Zurücksetzung erlebte. Vielleicht fehlte es ihm an Respekt, vielleicht mangelte es ihm an Geduld und an Sinn für das erotische Spiel, das das Leben erst ausmacht. In ihm muss man sich als Teil eines Größeren begreifen. Fällt das dem ausgesetzten Mann schwerer als der Frau?

Schließlich weiß auch Rousseau, dass die Begierden leichter geweckt als befriedigt werden. Diesen Satz kann man allerdings auf verschiedene Weisen vervollständigen. Bei Rousseau ist es die Frau, die Begierden weckt, und der Mann muss sie befriedigen. Dadurch ist er, der Stärkere, laut dem Aufklärer nur scheinbar der Herr, da er abhängig vom Schwächeren ist, der Frau. Ich möchte aber in Frage stellen, ob der Mann die Begierden befriedigt. Vielleicht tut er das, da er nur ein Teil des Paares ist, ebenso scheinbar, wie er der Herr ist? Ist daran nicht auch die Frau beteiligt? Ganz zweifellos sind diese artifiziellen Trennungen, die Rousseau 1762 formulierte, überholt. Auch wenn er, ohne dass eine Feministin es je zitiert hätte, zugibt: »Nicht weil die Männer es gewollt haben, sind die Frauen zur Herrschaft gelangt, sondern weil es der Wille der Natur ist.«

Man kann es auch anders formulieren, weniger politisch und nicht an der Macht orientiert: Die größere spirituelle Energie besitzt die Frau. Dass es hier, wenn man schon nach einem Sinn sucht, auch noch um den zu zeugenden Dritten geht, mag der Philosoph nämlich an dieser Stelle nicht in Rechnung stellen. Geht am Ende etwa noch die Frau und nicht der Mann in unerhörter und unerreichter Weise über sich hinaus? Trifft sie auf dem Weg nicht ihre Entscheidungen? Ist sie nicht, solange wir uns in der Zivilisation aufhalten, das Aktive schlechthin?

Es mag subjektiv sein, aber ich habe mich nie größer gefühlt, als bei der Geburt meiner Kinder. Ich käme nicht auf die Idee, die relativ passive Rolle während einer Geburt selbst zum Anlass einer Distanzierung zu nehmen. Die selbstlose Unterstützung ist das größte, was an Beteiligung möglich ist. Aber genau sie ist hier das Glück. Die Geburten meiner Kinder habe ich als Freiheit erlebt, als grenzüberschreitend, als Wachstum. Erwähnenswert ist das, weil die Geburt eines Kindes auch mein Glück übertraf, das ich als Wissenschaftler bei einer Entdeckung erleben durfte. Immerhin zweimal fand ich eine mathematische Formel, die ein neues Verständnis eines bislang verborgenen Stückchens der Natur erlaubte, das zuvor noch niemand gesehen hatte und auch ich nur vermuten konnte. Die Arbeit hatte mir Einladungen nach Princeton und vom Genfer CERN eingetragen, also genau jene Qualität, auf die sich der feministische Diskurs immer konzentriert hat. Sich ausschließlich auf diese Qualität stützen zu können, klingt nur im ersten Moment reizvoll. Im zweiten Moment ist dieses Leben ungesund, weil es mehr als unvollständig ist.

Vielleicht war es eben schon Rousseau, der den Spieß in einer rhetorischen Volte umdrehte, wie man das aus politischer Argumentationsführung seit jeher kennt. Man sagt Frieden und meint Krieg, man sagt preiswerte, sichere Energie und meint Atomkraft. Auch Lennon sagte ja und meinte nein, wahrscheinlich ohne es selbst zu merken. So erklärte Rousseau sich zum aktiven, kräftigen Part, der nur gereizt werden müsse und dem ein wenig Widerstand ganz gut tue, um überhaupt erst seine Leistung zu bringen. So umgeht man seine Gefühle, denen man sich ausgeliefert fühlt: Wenn es sich nicht um Sanitäres handelt, dann eben um Sport und eine Kameraführung, die einen erhöht.

WIE HABEN UNSERE offenen Gesellschaften mit genau konstruierten Organen zum politischen Kräfteausgleich ausgestattet, um bei den Umläufen um die Hysteresekurve, deren Pole die linken und die rechten Standpunkte bilden können, stets neue Erkenntnisse und Faktenlagen in der Meinungsbildung und Entscheidungsfindung berücksichtigen zu können. So modern und weitsichtig das ist, so vormodern sind Überlegungen über das starke und das schöne, nämlich schwache Geschlecht. Deshalb ist es umso erstaunlicher, dass sie uns bis heute beherrschen und auch der Feminismus noch immer auf ihnen fußt. Zu seinem Repertoire gehört zum Beispiel die sehr beliebte Komparatistik der genitalen Schwellkörper. Es mag aus der Geschichte der Demütigung zu verstehen sein, dass die Frau sich Gedanken darüber macht, ob sie aus der Kenntnis der Größe und Lage ihres Schwellkörpers sexuelles Selbstbewusstsein generieren kann. Wie die Pornografie ist solch eine Argumentationsführung etwas für Menschen, die den Eros als Last oder wenigstens als Belästigung empfinden und ihn, statt mit ihm zu leben, lieber in einem gesonderten, möglichst dunklen Raum aufbewahren, wo sie ihn schnell und anonym entsorgen können. Womit wir wieder beim Sanitären angelangt sind. Die gängigen Diskurse auf beiden Seiten, den Umkleidekabinen der Fußballmannschaften wie den ewigen Talkshows der Feministinnen und Feministen, bringen den Menschen um die beste Lebenskraft: den Eros, der Schönheit erzeugt und uns zueinander bringt.

So kann man auf Rousseaus Pfaden wandelnd den Geschlechtsakt einseitig Penetration nennen. Vielleicht erkennt man aber doch mehr als nur ein Verteilungssystem politischer Vor- und Nachteile in ihm und spricht besser von Vereinigung. Mit den Mitteln der von Olympe de Gouges noch wütend ins Feld geführten Wissenschaft darf man auch sagen, dass im Umschließen bestimmt soviel Aktivität ist wie im Eintreten. Charlotte Roches Heldin Elisabeth Kiel erzählt gar, ihre Muskulatur so trainiert zu haben, dass sie durch Zudrücken im richtigen Moment den Zeitpunkt bestimmen kann, an dem ihr Partner zum Höhepunkt kommt. Aber auch ohne diese Fähigkeit ist die Frage, ob Eintritt oder Einschluss der aktive Part ist, lediglich eine Sache der Kameraführung. Oder anders gesagt: des Egos.

Eigentlich ist es genau wie im Sonnensystem: Erst dachte der Mensch selbstherrlich, er sei im Mittelpunkt. Später stellte er fest, die Sonne eignet sich viel besser als Mittelpunkt, wenn man auch die anderen Planetenbahnen gut beschreiben möchte. Tatsächlich kreist aber weder die Sonne um die Erde noch die Erde um die Sonne. Vielmehr kreisen beide um den gemeinsamen Massenmittelpunkt. Das ist jener Punkt, auf dem man eine Verbindungsstange stützen müsste, an deren einem Ende die schwere Sonne auflüge und an deren anderem Ende die leichtere Erde, wenn diese Stange in der Waage sein soll, wie eine Wippe auf dem Kinderspielplatz bei austarierten Körpergewichten. Dieser Auflagepunkt ist natürlich sehr viel näher an der Sonne als an der Erde. Tatsächlich liegt er sogar in der Sonne. Erwachsene, die mit einem Kind auf der Wippe waren, kennen das: Der Schwerere muss sich näher an den Angelpunkt der Wippe setzen, um mit dem Leichteren in der Schwebe zu sein.

Bei Erde und Mond ist es übrigens nicht anders: Die leicht eiernde Bewegung der Erde um diesen exzentrischen gemeinsamen Massenmittelpunkt mit dem Mond ist für die zweite Flut des Tages verantwortlich. Sie findet immer auf der Seite der Erde statt, auf der der Mond gerade nicht ist, weil die Fliehkraft auf das Wasser wirkt. Die andere Flutwelle ist, 180 Grad weiter, direkt unter dem Mond, der mit seiner Gravitation unter sich einen Wasserberg erzeugt.

Man erkennt in diesem Spiel des Erwachsenen mit dem Kind auf der Wippe oder der schweren majestätischen Sonne und der leichten flinken Erde die Schönheit der Natur, die keine Vorherrschaft kennt, sondern Stabilität schafft. Schwer und leicht sind hier keine Attribute, aus denen man Rechte ableiten kann, auch dann nicht, wenn ein Mann und eine Frau wippen wollen.

Genauso ist es bei der Liebe. Ob einer eindringt oder eine überstülpt, das ist nicht entscheidbar, sondern nur eine Frage des Standpunkts. Die Bewegung zueinander kennt keine Auszeichnung. Der neutrale Beobachter sieht: Das eine bewegt sich auf das andere exakt genauso zu, wie das andere auf das eine. Die Auszeichnung entsteht erst durch die Wahl eines Bezugssystems. Sie ist willkürlich: Die Frage ist nur, auf welches Schambein die Kamera geklebt wurde, um den Vorgang so zu filmen, wie man ihn sieht. Es handelt sich um die Wahl der Erzählposition.

Man muss dem Feminismus zugute halten, dass er eine Politik des Orgasmus beim Geschlechtsverkehr begründet hat. Im Detail ist sie jedoch meistens falsch gewesen. Es geht wohl kaum darum, ob man Verkehr hat oder es grundsätzlich vorzuziehen ist, keinen zu haben. Vielmehr geht es um zwei auszuführende Bewegungen, die sehr verschieden sind. Es wunderte mich, als ich mal von einem Freund danach gefragt wurde, aber als ich sechzehn war, habe ich es natürlich auch noch nicht gewusst: Bei der einen bewegen sich die beiden Becken geradlinig aufeinander zu und wieder voneinander weg. Sie bringt den Mann näher an die Erfüllung. Sie ist eventuell leichter auszuführen, wenn der Mann oben ist und hat wohl die Verwirrung um die aktive Position verstärkt, zumal wenn das gewohnte Bezugssystem für Bewegungen auf der Erde eben die Erde selbst ist und mit ihr starr Verbundenes wie Haus und Bett. Das legt auch die Tatsache nahe, dass man beim Oralverkehr den oral Tätigen als aktiv wahrzunehmen bereit ist, ganz egal, ob es sich dabei nun um den Mann oder die Frau handelt.

Die andere Bewegung der beiden Becken verläuft auf sich berührenden Kreissegmenten. Es ist eine Kippbewegung, die die Frau klitoral erregt und eventuell leichter auszuführen ist, wenn die Frau oben ist. Im Normalfall werden sich freilich Bewegungen ergeben, die Mischungen von beiden sind, man kann sie sowohl abwechselnd ausführen, wie man beide Bewegungen ineinanderfließen lassen kann. So kann man den Zeitpunkt steuern, an dem die Höhepunkte erreicht werden, und diese Grundschule ist zweifellos eine bessere und einfachere Idee, als es zu lassen. Damit wollte man vermutlich auch eher Macht erlangen.

Sie ist aber auch sehr viel besser und einfacher als das, was lange praktiziert wurde, ohne dass es viele wussten: Mit Betäubungsmitteln in Kondomen den Mann ins Hintertreffen zu bringen. Als ich diese Technik im Jahr 2006 entdeckte, die den Mann verlangsamen und der Frau damit mehr Lust spenden soll, konnte mir das Bundesinstitut für Arzneimittel und Medizinprodukte darüber nichts Näheres sagen. Im Internet blühten die Diskussionen der Angeber, die vor lauter Potenz kaum gehen, geschweige denn denken können. Größer dürfte die Zahl derer gewesen sein, die von ihrer Betäubung buchstäblich nichts wussten, ganz wie die Sternengucker vor Kopernikus nichts von ihrer irren Geschwindigkeit im Sonnensystem wussten. Dabei ist schwer vorstellbar, wieso man betäubt besser lieben sollte. Aber ich musste leider feststellen, dass je fetter gefühlsecht auf den Packungen stand, desto mehr Benzocaine manchmal drin war: Eine weitere allseits goutierte Körperverletzung, die dem Mann zugefügt wird.

Der vaginale Orgasmus, dessen Existenz von mancher sich für emanzipiert begreifenden Frau tatsächlich vollkommen bestritten wurde, benötigt vor allem Zeit. Wie es die gute Liebe oft tut. Je langsamer man sich liebt, desto besser kann die Frau sich dem hingeben. Vaginale und klitorale Erregung gehen ineinander über, wenn die sexuelle Energie sich im Körper ausbreiten kann. Eine solche Ausbreitung der

Lust und Empfindungsfähigkeit im Körper, das Niederlassen in der Lust ist auch für den Mann möglich, der sie gewöhnlich eher loszuwerden versucht. Dabei ist es eine Sache, von *slow love* zu singen wie Prince, und eine andere, Langsamkeit wirklich zu praktizieren und einen Orgasmus in allen Einzelheiten zwischen Fußsohlen, Scheitel, der empfindlichen Haut an den Unterarmen und im Auslaufen auf den Handflächen zu genießen. Es geht dabei um eine Einswerdung. Ohne Übung ist das in einer immer weiter beschleunigenden Welt vielen kaum möglich. Langsamkeit und das Fehlen eines Zieles kann man lernen. Je langsamer man ist, desto mehr nimmt man sich seiner selbst, des anderen und der gemeinsamen Lust an. Die maskuline Sexualität verliert dann auch den Ruf der Last, der Mann kann sich als sexuelles Wesen begreifen.

Damit kein Missverständnis entsteht: Ohne häufige Quickies ist die Sache nix. Vor allem wenn man Kinder, jeder seinen Beruf und neben dem Sex noch andere Interessen hat. Oxytocin wird beim Quickie reichlich ausgeschüttet, und falls beide über lernende Nervensysteme verfügen und Vertrauen zueinander haben, kommen sie auch in kurzer Zeit bestens zurecht. Übung macht die Meister!

VON FEST VERTEILTEN Rollen der Aktivität oder Passivität oder von stark und schwach kann jedenfalls so wenig die Rede sein wie bei zwei sich in der Waage haltenden Planeten. Keiner kann je still stehen in Bezug auf das Zentrum der Bewegung, weil keiner je in diesem Zentrum sein kann. Jeder bewegt sich a priori erst einmal nur relativ zum anderen. Man kann zur Beschreibung einer Bewegung den Referenzpunkt legen, wohin man will. Es handelt sich um den

Nullpunkt des Koordinatensystems. Bewegung als Qualität ergibt aber nur einen Sinn, wenn man dazu sagt, in Bezug auf was sich ein Körper bewegt. Anhänger von Rousseau und die von Alice Schwarzer sollten ihre Koalition deshalb auflösen und sich von ihren gemeinsamen Vereinfachungen verabschieden, weil sie falsch sind. Sie waren politisch motiviert, und die Bezeichnung des Lebenstriebes als etwas Penetrantem ist nicht hilfreich, sondern überschreitet die Grenze zum Pathologischen. Das experimentelle Abschalten jeder männlichen Werbung gegenüber den Frauen reicht übrigens, um zu sehen, wie einseitig die Begierde ist: Sie ist null einseitig. Ich kann diese einfache Technik der Frauen nur jedem Mann einmal empfehlen.

Und übrigens: Falls die Vereinigung tatsächlich nicht gewollt ist, zur Verhütung von Empfängnis und Infektionen, sollte auch dem Mann genügend versierte Aufmerksamkeit zugute kommen, wenn es denn ein schöner Abend sein soll. Ich fürchte, hier leben wir, dank passiver Frauen, in einem düsteren Entwicklungsland.

DABEI GEHT ES in der Liebe natürlich nur nachrangig um Mechanik. Nie erwähnt wird Folgendes: Das Eintreten in einen anderen Körper setzt das Vertrauen des Eintretenden voraus. Schließlich ist er es, der sich hineinbegibt und damit überantwortet. Ich gehe jedenfalls nicht in jedes Haus, um den Bewohnern einen Besuch abzustatten. Vielmehr gibt es dabei genau so eine Auswahl wie bei der Entscheidung für oder gegen eine sexuelle Partnerin. Das Verschwinden eines Teiles von mir in einem anderen Körper ist erregend, zumal wenn ich es genau beobachte. Aber es ist auch eine Vereinnahmung meiner selbst durch die andere.

Meine jüngst leider viel zu früh verstorbene Freundin und Kollegin Ellen Miller sagte gerne, dass ein Mann, der eine Frau sieht, sich zwei Fragen stellt: Erstens, will ich sie ficken? Und zweitens: Falls ja, habe ich eine Chance?

Man muss von der derben Sprache abstrahieren, die dem entehrten Geschlecht hier wie selbstverständlich entgegengebracht wird und die wir leider zu akzeptieren gelernt haben. Ich habe sie auch aus dem amerikanischen Englisch übertragen, in dem sie nicht ganz so krass klingt. Zudem hatte Ellen Miller, wie viel zu viele Frauen, allen Grund, diese Sprache zu benutzen. Auf den zweiten ruhigeren Blick sieht man dann aber: Noch der auf seinen Trieb reduzierte Mann fragt sich, ob er eine Vereinigung überhaupt wollen kann.

Dieser Gedanke kann sperrig sein, weil im schon zu lange dauernden Kampf um politische Dominanz auf beiden Seiten vergessen wurde, dass die Vereinigung auch für den Mann ein Akt der Hingabe ist. Natürlich ist er es materiell, er gibt ja sein Erbgut ab. Er ist es aber auch seelisch, und die sinnvolle Hemmung hat mit der Angst zu tun, verschlungen zu werden. Wird diese Angst nicht gebannt, kann sie zu hastigem und unpersönlichem sexuellen Kontakt führen, der wiederum die derbe Sprache des Ressentiments erzeugt, die wir hier von Ellen Miller hören. Oder der Kontakt bleibt aus: Max Frisch sinnierte als älterer Herr einst über ausgelassene Gelegenheiten, die er bedauerte. Dann kam er aber auf den Grund: Es war sein guter Geschmack.

Wer nicht so selbstgerecht sein möchte, wird in der Psychologie fündig, die eine Abhilfe gegen die Angst vor der Frau kennt. Diese Abhilfe spricht für sich: Ein starker, selbstbewusster Vater, der anderen eine körperliche Zärtlichkeit entgegenbringt und dem Sohn so ein eigenes, der Mutter autark gegenübergestelltes Bild maskuliner Zuwendung vermittelt. Ein solcher angstloser Vater ist es, der den Weg zu einer sexuell selbstbewussten maskulinen Persönlichkeit ebnen kann. Diese ist dann auch zur Hingabe fähig. Wie der Psychologe Hans Jellouschek betont, geht es hier gerade nicht um den Macho, der genau wie der Softie ein Muttersohn ist und im Ressentiment gegen die eigene Männlichkeit lebt. Der anwesende, zur Zärtlichkeit fähige Vater bricht das Monopol der Mutter und sprengt damit die fixe Rollenverteilung nahe an ihrem Fundament. Denn das Ressentiment gegen sich selbst, das aus der Abwesenheit männlicher Zuneigung entsteht, ist die Krankheit des entehrten Geschlechts, während es vom immanenteren Mann noch immer kein gängiges Bild gibt.

Es schlummert aber nur in uns. In den letzten Jahren habe ich oft mit Männern über den Moment danach gesprochen. Das Ergebnis ist überraschend gewesen, denn ich glaubte mich hier in der Minderheit, bekam aber häufig bestätigt: Obwohl Frauen sich oft nach der Schwere des männlichen Körpers sehnen, wie schon Milan Kundera auf den ersten Seiten seines Romans *Die unerträgliche Leichtigkeit des Seins* bemerkte, haben viele Männer mittlerweile große Hemmungen, sich auf eine Frau zu legen. Und die größte denkbare Verletzung ist eine nach dem Akt umstandslos absteigende und sich abwendende Frau. Sie könnte in diesem Moment eigentlich der erdabgewandten Seite des Mannes begegnen, ahnt aber nichts mehr von ihr.

Das tat auch der Regisseur Ang Lee nicht, als er *Brokeback Mountain* drehte. Ich ging damals voller Erwartung ins Kino, in dem das letzte Tabu gebrochen werden sollte: Schwule Liebe. Erwartungsfroh war ich, weil ich davon ausging, nun endlich einmal wenigstens einen Mann zu sehen, der nicht den Klischees entsprach. Naiv fieberte ich der entscheidenden Szene geradezu entgegen und wurde entsprechend geweckt: Ang Lee schaffte das Unmögliche spielend. Auch hier war der Verkehr nichts als Abladung, selbstverständlich für beide. Es ging so schnell und ruckartig, dass ich hätte lachen müssen, wenn ich nicht so enttäuscht gewesen wäre. Technisch war gar nicht möglich, wie Heath Ledger und Jake Gyllenhaal sich hier vereinigten: Reißverschluss auf und zack rein mit dem Ding. Als stoße man einen Schraubenzieher in ein Stück Butter. Die komplexeste Seelenlandschaft schnurrt wie immer auf einen Punkt zusammen. Der Mann ist einsame Armut.

Auf der anderen Seite gibt es diese Filme, die um die Unerreichbarkeit einer schönen Frau herum gebaut werden: Juliette Binoche, Charlotte Rampling. Alles wird in sie hineingeschrieben und wieder herausgelesen. Die Frau ist unergründlicher Reichtum.

NACH DEN REVOLUTIONEN waren es die Frauen, die den Mut hatten, auf ihre Zurücksetzungen, auf ihre fehlenden Rechte und mangelnden Schutz hinzuweisen und für eine Verbesserung ihrer Lebensbedingungen zu streiten. Männer waren mit weiteren Revolutionen beschäftigt, mit der Wissenschaft und der Abwehr der Frauenbewegung. Sie haben keine Ansprüche auf mehr Beteiligung an der Familie und auf größere körperliche Akzeptanz jenseits der Arbeitsleistung formuliert, die dem Aufbruch der Frauen in die gesellschaftliche Beteiligung spiegelbildlich entsprochen hätten. Olympe de Gouges wurde verfolgt, ihr wurden viele Affären nachgesagt oder nachgewiesen, um ihren Ruf zu zerstören.

Ihre Schönheit wurde ihr vorgeworfen. Schönheit und Intellekt schossen sich aus. Schließlich diagnostizierte Dr. Guillois die eigens erfundene Krankheit *Paranoia reformatoria*: »Eine Mischung von gesunden und prophetischen Gedanken und Ideen, die schon vom Wahnsinn geprägt sind«, schrieb der Arzt Jahre nach ihrem Tod: »Ihre Ideen über den Feminismus sind Ausdruck einer übersteigerten Phantasie und bilden ein Bindeglied zwischen Vernunft und Tollheit.«

Sie wurde 1793 wie so viele andere hingerichtet.

IHRE NACHFOLGERINNEN RANNTEN gegen die Ignoranz an, und in Deutschland setzte sich schließlich die radikale Heterophobie von Alice Schwarzer durch. Ihre politische Leistung ist kaum zu überschätzen. Schwarzer ist der Franz Josef Strauß des Feminismus, der notwendig gewesene Macho der Frauenbewegung. Wo Strauß polternd Bauernkopf und Versuchsreaktor zusammenbrachte und den heutigen Begriff von Bayern als Land der Laptops und Lederhosen vorbereitete, da verschmolz Schwarzer mit gleichwertiger Rücksichtslosigkeit Monatsbinde, Wochenbett und Stilldemenz mit dem Amt in Wirtschaft, Universität und Politik. Ihr zuverlässig autoritärer Ton ist jüngst auch in der Bild-Zeitung zu lesen gewesen, und das ist gut so. Denn nun wird sie in den unwirtlichen Pausenräumen von Autoschlossereien, Großmarktlagern und Müllverbrennungsanlagen gehört. Niemand kann sich dem Thema mehr wie gewünscht verschließen. Im Boulevard ist Frau Schwarzer als politischer Funktionsträger endlich bei sich angekommen. Und sie arbeitet auch noch immer am Detail, wenn sie zum Beispiel darauf hinweist, dass niemand das Gerangel zwischen Gerhard Schröder und Oskar Lafontaine als Zickenkrieg bezeichnet.

Dass sie in keinem Moment zu einer abwägenden Überlegung bereit ist, weiß jeder. Vielmehr spricht sie seit Jahrzehnten die immer selbe polarisierende Sprache. Schwer wiegt eines: Sie ist stets bereit gewesen, sich nicht gegen Gewalt abzugrenzen. Im Gegenteil. Ich wünschte, es wäre anders, aber schon in der legendären Talkshow, in der Frau Schwarzer 1971 auf Esther Vilar traf und die Autorin eines hochpolemischen Textes als Faschistin mit den Nazis in eine Reihe stellen wollte, war das so: Frau Schwarzer wunderte sich demonstrativ, dass die Schriftstellerin von Frauen noch nicht angegriffen worden sei. Und tatsächlich gab es tätliche Angriffe und Morddrohungen.

Die Kampagne des Schnipp-schnapp, Schwanz ab, klang zwar immer lustig, war aber nie so gemeint. Das wurde endgültig im März 1994 geklärt, als Frau Schwarzer unter dem Titel »Beyond Bitch« die vierundzwanzig Jahre alte, kleine und zierliche Kosmetikerin Lorena Bobbitt als Revolutionärin feierte. Im Sommer zuvor hatte Bobbitt ihrem zwei Jahre älteren Mann John, einem Marine-Soldaten, das Genital mit einem Küchenmesser abgeschnitten. Lorena Bobbitt war damit im Auto weggefahren und hatte das halbe Körperteil nach einer Weile durch das Autofenster auf ein Feld geworfen. Man fand es später dort und konnte es wieder annähen.

Noch Monate danach schrieb Frau Schwarzer, dass manche Frau verbittert meine, Lorena Bobbitt hätte den Penis besser in den Mülleimer werfen sollen. Die Anführerin der deutschen Frauen sah den Damm gebrochen, feminine Gewalt sei nun kein Tabu mehr. Es könne zurückgeschlagen werden. Oder gestochen. Eine Revolution habe in den Köpfen stattgefunden. Die fünfzig Kilogramm leichte Frau habe sich, so die Feministin, gar nicht gegen den neunzig Kilogramm schweren Mann wehren, sondern nur den Schlafenden entwaffnen können. Dieser habe vor seinen Kollegen damit geprahlt, wie er Frauen zum Sex zwinge: mit den Methoden, die er beim Militär gelernt habe. »Und da muss ja Frauenfreude aufkommen«, so Alice Schwarzer schließlich am Ende ihres von einer besoffenen Freude über die blutige Tat beherrschten Artikels, »wenn eine zurückschlägt. Endlich.«

Das sind Sprache und Standpunkt des prominenten deutschen Feminismus am Ende des 20. Jahrhunderts. In leicht gekürzter Fassung ist der Text auch heute noch beim *Focus* unter dem Titel »Penis-Prozeß: Heldin in der Klapse« online zu lesen. Denn dass Lorena Bobbitt schuldunfähig gesprochen wurde und in die Psychiatrie kam, wertet Frau Schwarzer nicht etwa als weise Entscheidung der Geschworenen, sondern als Fortsetzung der Psychopathologisierung der Lebensäußerungen von Frauen, wie sie etwa in der unsäglichen Geschichte der Hysterie zu finden ist.

An diesem Vorgang ist nichts mehr zu relativieren: Nicht die Ausbildung, das Berufsleben und Lebensumfeld des Mannes, nicht seine sexuelle, seine sexualisierte Gewalt und nicht die Hilflosigkeit der Frau, die, statt längst Hilfe beim Nachbarn, der Polizei und dem Scheidungsrichter gesucht zu haben, selbst zur Täterin wird. Aber ebenso wenig ist die Stimme der Kommentatorin entschuldbar, die keine Nanosekunde nachdenkt, sich vielmehr auf dem Niveau der Bobbitts, pudelwohl fühlt und im Traum nicht auf die Idee kommt, dass ein derart gestörtes Paar etwas anderes braucht als Selbstjustiz. Dass einem derart gestörten Mann wie John Bobbitt anders begegnet werden muss, als just mit dem, was ihn vermutlich so krank gemacht hat, mit Gewalt. Dass John Bobbitt zuvor selbst Opfer gewesen sein muss, ist für Frau Schwarzer ein Gedanke jenseits des Horizonts, und durch Abwesenheit der Männer in der Debatte ist der feministische Aufruf, jubelnd zu den Messern zu greifen, was von der antisexistischen Idee übrig geblieben ist.

Als gesunder Mensch fragt man sich zudem, wie man einen Penis als Waffe einsetzen kann. Er ist ja selbst der verletzbarste und mit der größten Scham bedachte Körperteil des Mannes, sein weichster Part. Verglichen mit anderen Extremitäten, hat er die bei weitem empfindsamsten Reflexzonen. Während man Ohren, Füße oder Hände in der Hoffnung akupunktiert, Organe anregen zu können, genügt schon ein leichtes Anfassen des Penis, um die zentralen Funktionen Puls und Atmung heftig reagieren zu lassen. Es sind die Flügel und vor allem der Rand der Eichel, sowie tiefer im Genital liegende Gewebebereiche, die als Reflexzone des Herzens fungieren. Die Eichel selbst steht für den Kopf. Einzelne Bereiche auf der Eichel werden mit Zirbeldrüse, der Hypophyse, der Nebenniere und Thymusdrüse in Verbindung gebracht. Das Frenulum repräsentiert die Stirnregion, die Spitze korrespondiert mit dem obersten Punkt des Kopfes, an dem beim Neugeborenen die Fontanelle zu sehen ist.

Der Schaft stellt den Torso dar. Die Atmung wird im äußeren Bereich großflächig angeregt. Abwärts unterteilt man drei Ringe, deren oberster mit Milz und Bauchspeicheldrüse, der mittlere mit Leber, der unterste mit der Niere und Blase in Verbindung steht. Die an der Unterseite des Schaftes liegende Naht repräsentiert die Wirbelsäule, und am Schwellkörper abwärts folgen die tiefer gelegenen Körperteile.

Eine Karte sieht so aus:

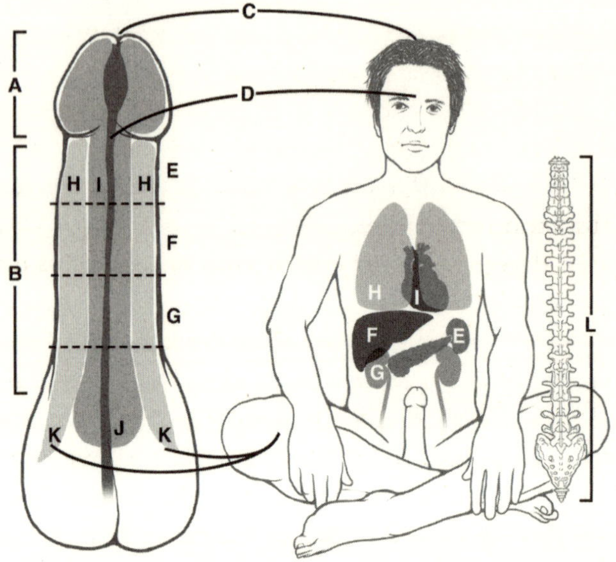

A: Kopf, B: Torso, C: Harnröhrenöffnung, D: Frenulum, E: Milz und Bauchspeicheldrüse, F: Leber, G: Nieren und Blase, H: Lunge, I: Herz, J: Kreuzbein: K: Beine (Schwellkörperwurzel im Rumpf), L: Wirbelsäule

Durch Akupressur kann man gezielt Organfunktionen anregen und Reaktionen hervorrufen, und es verwundert nicht, dass kleine Jungen ihren Schwanz in die Hand nehmen, wenn sie verlegen sind oder sich anderweitig angreifbar und schwach fühlen. Harte Männer fassen sich aus demselben Grund kurz in den Schritt, wenn sie sich beim Fußball vor einem Freistoß aufbauen müssen. Die Berührung, oft unbewusst und nur mit kurz anstoßenden Fingern ausgeführt, ist eine Vergewisserung der Einheit mit sich selbst. Auch beim Einschlafen ist die Praxis, das Genital in die Hand zu nehmen, nur logisch.

Übrigens hat die Vagina entsprechende Reflexzonen, und beim Verkehr kommen sie regelmäßig zur Deckung, was man gewiss als gesund verstehen darf. So empfindet man das ja auch, und auch deshalb spricht man von Vereinigung.

Bei einer Waffe denkt man zunächst an physische Gewalt. Das Messer, das im Fall Bobbitt verwendet wurde, ist fraglos in jenem Moment eine Waffe, in dem man es zum Abschneiden eines Genitals benutzt. Ein männliches Genital ist dagegen auch voll erigiert noch so weich, dass man Schwierigkeiten haben wird, damit physische Verletzungen an einem Körper zu verursachen. Eine frische Karotte ist auf diesem Gebiet viel gefährlicher. Auch jedes beliebige andere Körperteil als der Phallus müsste mehr Angst einflößen: Mit Kopf, Händen und Füßen kann man jemand anderen leichter verletzen, also mit all jenen Köperteilen, über die auch Frauen verfügen. Gerade jenes Stück, das den Frauen nicht zur Verfügung steht, eignet sich zunächst am allerwenigsten als Waffe. Falls ein Täter mit dem Phallus physische Verletzungen zufügt, wird er wohl selbst welche im selben Grad davontragen müssen.

Daher geht es bei der Vorstellung vom Penis als Waffe neben den physischen auch um gestische Angriffe, neben körperlichen auch um seelische Verletzungen. Demütigung und Ohnmacht stehen im Vordergrund. Dass eine Frau denselben Übergriff nicht unternehmen kann, spielt dabei eine Rolle. Seelische Verletzungen können schließlich auch anders als mit dem Penis zugefügt werden: Ganz leicht zum Beispiel mit der Zunge. Um den anderen zu beleidigen, zurückzusetzen, Verachtung und Respektlosigkeit auszudrücken oder seinen Ruf zu zerstören, eignet sich jede Äußerung, die der Körper von sich geben kann. Natürlich ist das nicht auf den

Mann beschränkt, und Frauen machen von diesen Möglichkeiten regen Gebrauch.

Dem männlichen Genital kommt im Fall der Vergewaltigung über die Exklusivität seine Rolle zu. Möglicherweise steht es dann symbolisch für körperliche Überlegenheit und das Ejakulat, beides potentiell bedrohlich. Als Waffe, als Mittel zur physischen Verwundung fungiert der Phallus genau genommen nur dann, wenn das Sperma die Quelle der Körperverletzung ist. Wird aber allgemein vom Penis als Waffe gesprochen, und folgt auf einen Text wie »Beyond Bitch« keine nennenswerte Widerrede, dann glaube ich, dass die Straftaten von John Bobbitt in der öffentlichen Meinung auf eine doppelte Entwertung des klassischen Männerbildes treffen, die seit dem 19. Jahrhundert im Gang ist. Sie betreffen gerade das Ansehen von sowohl Muskelkraft wie Ejakulat: Zuerst verlor der Mann das Monopol der harten körperlichen Arbeit. Was die Dampfmaschine wegen ihrer Aufwändigkeit nicht schaffte, gelang schließlich der Elektrizität. Die Bereitstellung von manueller Arbeitskraft an praktisch beliebigem Ort und in beliebiger Form und Quantität. Der Mann belächelte den Strom deswegen zuerst gern als etwas Weibliches. Strom, so behauptete er, war etwas für Frauen. Neben die Entwertung des Mannes durch die technische Moderne mit ihren Maschinen trat dann zeitgleich die soziale Entwertung der Zeugungskraft. Denn Kinderreichtum ist ein Zeichen von Armut geworden beziehungsweise geblieben, obwohl wir längst zu wenige Kinder zeugen, um unseren Lebensstandard noch halten zu können. Der Aidsvirus tat dazu ein Übriges. Dass vaginales Sekret nicht weniger ansteckend ist mildert die Stigmatisierung nicht. Es wird zwar auch von einem Körper an den anderen abgegeben, aber eben nicht auf dieselbe Weise, weder so funktional noch auf so visuell imaginative Weise, wie das Sperma es tut.

Auch unter Männern ist die Ablehnung des Ejakulats erschreckend weit verbreitet: Eine Masseurin, die asiatische Genitalmassagen anbietet, erzählte mir, dass Stammkunden regelmäßig nach ein oder zwei Dutzend Terminen den Kontakt mit der Begründung beenden, sie hätten über die Monate zu viel persönlichen Respekt zu ihr aufgebaut, um noch in ihrer Hand ejakulieren zu können. Dass die Frau ihre Arbeit alles andere als ungern macht, ihren Betrieb vielmehr entschieden und mit sichtbar viel Liebe zum Detail und Professionalität leitet, spielt ebenso wenig eine Rolle, wie die Tatsache, dass sie die Arbeit durchaus auch therapeutisch versteht.

Ich erinnere mich auch gut an ein vor Jahren zufällig entstandenes Gespräch über die chinesische Methode, den Samenleiter beim Höhepunkt mit dem Finger am Damm zuzudrücken, um das Sperma im Körper zu belassen. Eine Verhütungsmethode. Als ich das erste Mal davon hörte, erzählte ein Bekannter aber, dass man sich damit eine Eiweißquelle erschließe und den Rest des Tages mehr Energie habe. Fußballer würden das gern vor dem Spiel machen. Er nannte prominente Namen, als unerwartet und intuitiv eine am Tisch sitzende Frau empört mit der Forderung konterte, dass wir den Samen nicht auch noch für uns behalten müssten, sondern wenigstens den noch weiter schön abgeben sollten, wie sich das gehöre! Die Vorstellung, eine Frau wolle das Sperma haben, es beglücke sie, war mir, obwohl es nur die Konsequenz des Liebesaktes ist und obwohl die weiße Flüssigkeit auf rätselhafte Weise alles von mir enthält und ich stolz auf sie sein sollte, fremd.

Das genitale Bedrohungspotential überhöhte aber auch Max Frisch im *Homo Faber* auf endgültige Weise, als sein Sexualorgan schon beim bloßen Anblick tötete. Es ist also vollends waffenscheintauglich, und noch besser wäre es, es würde aus dieser Welt entfernt. Walter Faber begnügt sich jedoch nicht damit, sich zu entmannen, er entleibt sich gleich ganz. Seine Lebensaufgabe ist das, und von seiner Mutter hat Frisch zu hören bekommen, er solle nicht immer über Frauen schreiben, er verstünde von ihnen nichts. Von einer souveränen Haltung ihnen gegenüber finde ich in Frischs Werk auch nicht viel.

Alice Schwarzer darf man attestieren, sich für den Gegenstand ihres Lebenswerkes, die Geschlechter, überhaupt nicht zu interessieren. Es ist nicht ganz leicht, angesichts ihres Aufrufes zur Kastration nicht selbst ins Ressentiment zu rutschen. Es nicht zu tun, ist aber die wichtigste Aufgabe in der Debatte. Deshalb weise ich darauf hin, dass ich bei diesen Überlegungen zu männlicher Muskelkraft als primär bedrohlicher Größe und der Phallophobie, die uns alle ergriffen hat, über die Grundstimmung in der Gesellschaft rede, die das Problem des Zusammenlebens von Männern und Frauen erschwert. Den Vergewaltiger und seine Straftaten relativiert diese schädliche Grundstimmung gerade nicht. Ihm gilt unser Interesse um der Abhilfe und Prävention willen, unsere Empathie gehört dem Opfer. Im Fall Bobbitt sind es beide Partner auf wie immer ungleiche Weise.

Frau Schwarzer missbraucht auch beide auf ungleiche Weise um eines politischen Anliegens willen. Sie vermengt alles miteinander, als ob das Rechtsstaatsprinzip inklusive Gewaltmonopol nie eingesetzt worden sei oder ihr Aufruf zu weiterer Gewalt sie nicht der Gefahr aussetzte, als

Hetzerin erkannt zu werden. Abenteuerlich ist es, die Verstümmelung eines Schlafenden als Notwehr zu bezeichnen. Man erinnere sich nur an Julian Assange, dem der Liebesakt mit einer Schlafenden als Vergewaltigung ausgelegt wird, vollkommen zu Recht, wenn es denn so war. Von den Menschenrechten und der hohen und zentralen Idee der Unverwirkbarkeit der Menschenwürde, die unter anderem von Geschlecht und Geburt unabhängig sei, ist in Frau Schwarzers regressiven Text sowieso nichts mehr übrig. Sie lässt nur die helle Freude über die Tat gelten, und Frauen sollen, ginge es nach der Feministin, endlich stolz sein, genauso zu werden, wie die Minderheit der am schlimmsten an ihrer Rolle erkrankten Männer immer schon beschrieben wurden: Helden. Gewalttäter.

Mit diesem Dokument, deren Autorin später das Bundesverdienstkreuz erhielt, fordern Frauen einander auf, sich die Genitalien der Männer ganz anzueignen. Und natürlich wissen sie dank des virtuellen Primats des Phallischen dabei genau, was sie tun. Lorena Bobbitt hatte denn auch Nachahmerinnen, und so steht »Beyond Bitch« für die Verirrung ans ganz falsche Ende. Der Text stört die öffentliche Ordnung, und Olympe de Gouges hätte ihn nicht decken können. Es spricht Bände, dass er noch heute ohne juristische Konsequenzen vertrieben werden darf: Niemand nimmt irgendetwas an dem Vorgang ernst. Man stelle sich vor, jemand forderte die Verstümmelung krimineller Juden oder Türken oder die einer gewalttätigen Frau, etwa von Lorena Bobbitt selbst, wie Alice Schwarzer es mit dem Mann tut. Nur bei ihm ist das erlaubt, die Gewalt gegen ihn ist gesellschaftsfähig. Er ist sie gewohnt, alle sind sie gewohnt.

ZUM GLÜCK GIBT es eine Stimme gegen die paranoide Misandrie, die uns alle heimgesucht hat. Sie setzt beim Penisverbot ein, das in der Abbildung des Mannes gilt. Der Fotograf, Maler und Bildhauer Will McBride stellte im Magazin *vorn* jüngst seine »unbequeme Theorie« vor, wie er sie nennt: Jungen, so McBride, würden visuell kastriert, um sie zu aggressiven Beiträgern der Gesellschaft zu machen. McBride hat sich jahrelang gefragt, wieso nicht der ganze Junge gezeigt werden darf und warum es generell für ihn inakzeptabel sei, mit seinen Genitalien im Bild zu sein. Als Grund vermutet McBride die Abhängigkeit einer jeden Gesellschaft von aggressiven jungen Männern. Diesen aggressiven Teil beanspruche die Gemeinschaft für sich, sie modelliere ihn nach ihren Bedürfnissen, um Waren herzustellen und Kriege zu führen.

Ob diese Enteignung die Aggressivität erst erzeugt, ist meiner Meinung nach eine der wichtigsten zu diskutierenden Fragen. McBride schlägt vor, den Jungen ihre Genitalien in den Bildern zurückzugeben, damit sie wieder vollständig aussehen, sich als vollständig begreifen können. Sie könnten wieder unerschrocken und ein wenig verletzbar aussehen, um nicht zu sagen normal. Jetzt ist es ja so, dass man wie Walter Fabers Tochter erschrickt, wenn man den Mann ganz sieht, wenn man nicht nur seine Muskeln und das Gesicht sieht, sondern den ganzen Mann. Man hat nicht das Gefühl, dass vorher etwas fehlte, sondern, dass man im Falle des ganzen Mannes etwas Zusätzliches zu sehen bekäme. Das ganze Bild des Mannes anzunehmen, würde laut McBride die Aggression mildern und zu einer friedvolleren Gesellschaft führen. Mit anderen Worten: Jungs sollten dieselben Rechte haben wie Mädchen.

Aber nicht nur in der visuellen Abbildung gilt ein Penisverbot, sondern auch verbal. Es ist nicht lange her, dass ich in einem neuen deutschen Roman vom Unaussprechlichen las. Wer ihn gern in den Mund nimmt, ist daher gleich mit ihm stigmatisiert. Dabei irrt die Prostituierte, die in Charlotte Roches *Feuchtgebieten* glaubt, Männer kämen gerne mit ungewaschenen Schwänzen, um ihre Macht zu demonstrieren. Vielmehr glauben die meisten Männer einfach nicht, für ihr Geschlechtsorgan überhaupt verantwortlich zu sein. Sie haben sich von ihm schon verabschiedet, bevor die Feministinnen kamen, und sind deshalb auch in der Lage, es irgendwo reinzustecken, statt das mit der Überlegung und Empfindung einer ganzen Person zu tun. Der gesteigerte Hass auf das männliche Genital war daher genau die falsche Reaktion auf die Mängel des Mannes. Er wurde, statt aus seiner Zurichtung befreit zu werden, weiter eingeengt. Der Hass hat das Problem der Geschlechter, statt es zu lösen, verschärft.

Frau Schwarzer, die wie Franz Josef Strauß dafür bekannt ist, bei Bedarf ungemein charmant sein zu können, bedient unterdessen die Öffentlichkeit mit Nachrichten aus ihrem Privatleben. Sie möchte damit jüngste Angriffe mit einem Imagewandel auffangen, und zu den Nachrichten gehört auch ihre Homosexualität. Mir teilt das nichts mit. Besser wäre, sie würde ihr Verhältnis zur Gewalt erklären. Das müsste sie eh, wenn man ihr endlich keine Nachsicht mehr entgegenbrächte, die nichts als gehobener Chauvinismus ist.

ÜBRIGENS IST NICHT nur der weibliche Schwellkörper meinetwegen größer als der männliche, das weibliche Genital ist auch nicht weniger fleischlich als das männliche. Es lohnt sich, der Vagina eingehende Aufmerksamkeit zu schenken, wie man es zum Beispiel bei den von Annie Sprinkle entwickelten Massagen macht. Dabei sitzt der Geber, zum Beispiel nach einer bis zu zwei Stunden dauernden Eröffnung, in denen der ganze Körper massiert, berührt und erweckt wurde, zwischen den Schenkeln der Frau. Mit erwärmten Händen bedeckt er Ovarien und Vulva, ertastet erst äußere und dann innere Lippen, massiert sie, fährt zwischen ihnen vom Perineum bis oberhalb der Klitoris, bevor sie berührt wird, ihre Haube bewegt und abgestreift wird. Wenn sich die Empfängerin bereit zeigt, das Innere erkunden zu lassen, ertastet er es und sucht die raue G-Fläche, die er mit entschiedenen Fingern reizt. Später mobilisiert er den gesamten erogenen Bereich und so weiter.

Schon beim Anblick aus der Perspektive des Gebers wird klar, dass das weibliche Genital fleischlicher ist als das männliche, die Massage selbst beseitigt jeden Zweifel. Oder ist es genauso fleischlich? Ganz sicher ist es nicht weniger fleischlich. Es ist genauso groß. Mindestens. Es hat Farbe, Geruch und Gewebekonsistenz, es kann anziehend oder abstoßend wirken. Auf dem Weg zu einem Höhepunkt, aber auch auf den Flächen der Lust, die bekanntlich Ewigkeit will, spielt das keine Rolle. Sie ist nicht visuell dominiert. Aber sagen wir es so: Gynäkologen verdienen unseren Respekt.

Der Alltag sieht im Moment anders aus. In einem Internetforum postet ein Mann einen Cartoon mit drei Bildern: 1. Ein aufrecht stehender Broccoli. Er sagt: Ich bin ein Broccoli, sehe aber aus wie ein Baum. 2. Eine Walnuss. Sie sagt: Ich bin eine Walnuss und sehe aus wie ein Gehirn. 3. Ein Pilz. Der Pilz ist lang und dünn, sein Kopf wirft einen kleinen Rand über den Körper. Er hat die kaum sichtbaren Ärmchen verärgert vor seinem Strunk verschränkt und sagt: Ich bin ein Pilz und hasse dieses Spiel.

Ich antworte: Schon mal eine Vulva aus der Nähe betrachtet? Er kennt den Begriff so wenig, wie er weiß, was ein Frenulum ist.

Zum Glück gibt es die auf der Kenntnis der Reflexzonen beruhenden Genitalmassagen aber auch für den Mann: Der von Wilhelm Reich stark beeinflusste und mit Annie Sprinkle befreundete Joseph Kramer hat ihre Entwicklung begonnen, die andernorts fortgeführt wurde. Sie können helfen, die notorische strikte Teilung des Mannes in Unterleib und Oberkörper zu überwinden, von der schon Walter Faber sprach, als er sich wunderte, warum man sich mit dem Unterleib liebte, wo doch sonst alles wichtige mit dem Kopf getan würde. »Die Umarmung«, wie sie Picasso gemalt hat, könnte endlich das Diderotsche Leitbild der reibenden Gedärme ablösen.

IN EINEM ERNST zu nehmenden Antisexismus werden wir keine Komparatistik der Schwellkörper mehr betreiben müssen und derbe Witze über das andere Geschlecht nur noch zum Spaß erzählen. Wir werden nicht mehr in der Konkurrenz der Geschlechter reden oder sagen wir: weniger. Wir müssen diesen Antisexismus aber noch erfinden. In ihm werden Männer dann keine Feministen mehr sein können, wie John Lennon es auf so bequeme und selbstherrliche Weise war, in dem er das Wort seiner Frau führte. Männer werden statt weiter für ihre Frauen für sich selbst sprechen müssen.

Spiegelbildlich zu den Frauen, die politisch wählen und gewählt werden wollten, die eine Ausbildung und einen

Beruf haben wollten und ihr eigenes Geld, werden Männer ihre Positionen in der Familie, ihrer familienähnlichen Lebensgemeinschaft, der Partnerschaft und sogar im sexuellen Kontakt einfordern müssen, egal wie kurz Letzterer sein mag. Die Zeiten von aktiv und passiv werden vorbei sein, der Kurzschluss, dass die Frau deshalb das Opfer und der Mann der Täter ist, wird endlich überbrückt. Wie Frauen für ihr Ziel mit Äxten und Suchscheinwerfern in die Büros der Gesellschaft eingedrungen sind und Männer verhört haben, um mit unterschriebenen Geständnissen wieder herauszukommen, so werden Männer Maßnahmen ergreifen, um die emotionale und physische Ausgrenzung aus der Familie zu beenden. Auch wenn das ungleich schwerer ist und noch mehr Mut, Demut, Selbstvertrauen und Solidarität erfordert, als politische Rechte und Geld einzufordern. Der Mann wird seinen Körper respektieren und Eigenliebe entwickeln, die sich nicht auf sekundären Eigenschaften und Funktionen bezieht, sondern unkonditioniert auf seine bloße Existenz. Er wird sich lieben und bemerken, ob er geliebt wird oder nicht.

NEBEN MANCHER SCHÖNEN Entdeckung, die beim kultivierten Zusammenleben und beim kultivierten Geschlechtsverkehr gemacht werden wird, darf man auch auf einen anderen dringend benötigten Effekt hoffen: Die Leistungen wie die Anforderungen der kleinsten sozialen Einheit werden dann weniger falsch eingeschätzt. Im Moment tut man ja so, als ob Kinder und Küche nur Last und nie Lust seien und als ob man nur im Büro, in der Werkstatt, in einer Talkshow oder ewig allein auf der Autobahn glücklich wäre: Den Kontostand stets abrufbar und ein paar Pin-ups obszön an die Fahrertür geklebt oder elegant im Gadget versteckt.

Die Familie, sei sie noch so klein, wild oder Patchwork, wird als Zelle der Sicherheit und des Ausgleichs zum gesellschaftlichen Leben wieder belebt. Sie macht sicher nicht immer glücklich, noch immer gilt der Spruch, dass wer sich in sie begibt, leicht in ihr umkommt. Deshalb ist die Möglichkeit ihrer ständigen Umgestaltung einer der größten Gewinne der letzten Jahrzehnte. Aber im Moment ist das Verhältnis von draußen und drinnen aus der Balance, weil die Proteste der Frauen gegen ihre Einsperrung in die Familie diese und die Kinderbetreuung weiter herabgewürdigt haben. Schließlich wurde nicht widersprochen. Dabei sind die medizinischen Zahlen eindeutig: Wer nicht allein lebt, lebt länger. Vom Posten im Aufsichtsrat ist nicht bekannt, dass er auf das Leben verlängernd wirkt. Die Familie aber wurde zur Kleinstfirma umgewidmet, die nach betriebswirtschaftlichen Gesichtspunkten organisiert wird und zuallererst effizient zu sein hat. Jedes Mitglied will in ihr der Chef sein, und Partner konkurrieren mehr miteinander, als sie sich unterstützen: Bloß nicht die zweite Geige spielen, dann lieber den Partner besiegen.

Der Feminismus, der sich nach dem Ende des Kalten Krieges im Zeitgeist aufzulösen scheint wie ein Stück Würfelzucker in einem Glas sinnlos heißer Zitrone, in dem kein Vitamin überlebt, kann kein Beitrag zum Entwurf einer Gesellschaft im 21. Jahrhundert mehr sein. Mit der Forderung nach im Beruf härter kämpfenden Frauen wird er neoliberal und passt auf einen Bierdeckel. Aber was ist das für eine Welt, in der neben jedem Mann nun auch jede Frau erst Karriere machen muss, um ein Mensch zu sein? Umgekehrt wird eine Gesellschaft, die Leben mit Kindern gering schätzt, wie Männer es seit jeher getan haben, dumm und impotent.

Durch ihre Städte und Landkreise fahren meist leere Cayennes.

Aber dank dieser süßen feministischen Unterwanderung ist der Mann mit seinem Konzept der Hörigkeit jetzt gescheitert, das lautete: Stimme jeder Forderung, die an dich gestellt wird, freudig zu und arbeite noch härter im Glauben, eines Tages einmal respektiert zu werden. Um respektiert zu werden, ja, um zu leben, wird er seinen sicheren Platz nicht mehr hauptsächlich am Lenkrad seines Autos suchen können. Er wird also aufhören, sich einerseits jede Zumutung gefallen zu lassen, jeden Vorwurf zu eigen zu machen und sich andererseits, da nirgends Platz für ihn ist, wie ein Kind zu benehmen, das sich, weil eh niemand hinsieht, schnell nimmt, was es möchte.

Er wird seine eigenen Ansprüche formulieren und dies nicht als Bettelgang oder gar als feminin missverstehen. Wie in der Arbeiterbewegung, dem Antifaschismus, der Ökologie oder dem Pazifismus, der besser ein Antibellizismus gewesen wäre, ist das Eintreten für ein kollektives Interesse auch besonders maskulin im besten Sinne. Man muss ja auch in diesem Fall von sich selbst als Einzelner erst einmal absehen. Und modern ist es auch. Die Diskurswippe kommt schließlich nur dann in Gang, wenn jedes Geschlecht für sich spricht.

Wir brauchen:

1. Das Recht auf ein karrierefreies Leben. Der Mann muss auch jenseits einer beruflichen Stellung respektiert werden.
2. Das Recht auf Krankheit jenseits der Vorwürfe von Hypochondrie und Fühllosigkeit.

3. Das Recht auf eine geehrte Sexualität jenseits von Ablehnung, Diffamierung, Kapitalisierung und Kriminalisierung.

Das ist die Welt, in der ich noch einmal von vorne leben wollte. In Sichtweite ist sie noch nicht, und ich frage mich, wann aus Olympe de Gouges' so rabiat vorgetragener wie leicht verständlicher Forderung, die Menschenrechte auch auf Frauen anzuwenden, der heutige asymmetrische Katalog von Annahmen wurde, der Benachteiligungen nur auf Seiten der Frauen und Schuld nur auf jener der Männer sieht. Schließlich waren Menschenrechte eben gerade für alle gedacht. Sie sind angeboren und unverlierbar, vorstaatlich, individuell und egalitär, das heißt ohne Ansehen von Rasse, Farbe, Geschlecht, Religion, politischer oder sonstiger Überzeugung, nationaler oder sozialer Herkunft, von Vermögen, Geburt oder sonstigem Status gültig. Die systematische Kürzung der Lebensspanne von Menschen eines bestimmten Geschlechtes um zehn Prozent decken sie sicher nicht.

VIELLEICHT WAR SIMONE de Beauvoirs berühmter Satz, man sei nicht als Frau geboren, man würde zu einer gemacht, der letzte Türöffner zur Asymmetrie der Debatte. So lehrreich es sein kann, einen frappierenden Satz auf seinen Gehalt zu prüfen, seinen Grad an Unsinnigkeit zu erforschen, so sehr ist es an der Zeit, vom Geschlecht als sozialem Konstrukt einmal wieder aufzusehen und in die schiere Landschaft der real existierenden Familie in der arbeitsteiligen Gesellschaft zu blicken. Als ich letztens zusammen mit meiner Frau beschloss, ein Kind zu zeugen, war jedenfalls klar, wer von uns beiden es austragen und aus wessen Brust es Milch trinken würde. Ich bin es ja, der zwar über seine Geburt hinaus sehr viel mehr als ihm lieb ist und ohne Vorteil für irgendwen zu einem Mann gemacht wird, der aber als Mann geboren wurde. Außerdem bin ich aus dem Alter raus, in dem ich mich gern über Dinge ärgerte, die ich nicht ändern kann. Die anderen halten mich bei meiner reduzierten Lebenserwartung schon genug in Atem.

Der Beschluss zweier glücklich Liebender, ein Kind zu zeugen, einen Menschen, ist eh das Radikalste, was man der Welt entgegensetzen kann. Nichts ist damit mehr, wie es war. Nicht nur die Welt selbst, auch Mann und Frau verändern sich sofort. Die Frau zum Beispiel ahnt bald das Kind in sich. Sie spricht ihre Ahnung aus, kann sie nicht genau begründen. Sie glaubt, etwas zu spüren. Der Mann lächelt. Er versucht sich vorzustellen, wie das für seine Frau ist. Ihre Ahnung wird bestätigt, und falls der Mann beim ersten Ultraschall nicht dabei sein konnte, erzählt die Frau ihm am Telefon, wie das war. Dann spürt sie das Kind wachsen. Verletzlich, wie es ist, wohnt es in ihr. Sie hat Heißhunger und Übelkeit, redet mit Freundinnen und Verwandten und Ärzten und Hebammen und Nachbarn und anderen Müttern über ihr Wohlbefinden. Sie redet über die neuen, hochauflösenden Bilder aus der Gebärmutter. Über den kleinen, schnellen Herzschlag, das Gesichtchen, das sie gesehen hat, die kleinen Ärmchen und die zunehmenden Rückenschmerzen, die sie mit der Hand am Kreuzbein andeutet.

Beim nächsten Ultraschall kommt der Mann mit, schaut, lächelt. Längst wird die werdende Mutter mehrmals täglich gefragt, wie es ihr denn gehe. Sie weiß immer, in welcher Woche sie grad ist, sie sagt dem Mann, dass jetzt die Tritte da sind. Fühl mal, sagt sie beglückt. Er legt seine Hand auf ihren

Bauch, und weil nichts kommt, nimmt sie seine Hand und legt sie an eine andere Stelle auf ihrem Bauch, dorthin, wo sie die nächste Bewegung erwartet.

Nichts, sagt er.

Und lächelt. Seine eigenen Rückenschmerzen ignoriert er. Das hat er immer schon so gemacht. Er ist nervös. Hat das Verlangen, ein Haus zu bauen, ein sichereres Auto zu kaufen, und kontrolliert täglich mehrmals das Girokonto. Die Zahl schwarz auf weiß zu sehen, beruhigt ihn. Wenn er im Wagen des Kollegen mitfährt, verkrampft er sich und bittet um vorsichtiges Fahren. Sein rechtes Bein bremst auf dem Bodenblech der Beifahrerseite mit. Auf die Idee wäre er früher nie gekommen, er kannte das nur von seiner Großmutter. Wenn er nachts wach liegt, galoppieren die Vorstellungen, das Kind könnte nicht seines sein, mit ihm davon. Vollkommen unmöglich, mit irgendwem darüber zu reden. Am Tage studiert er Versicherungsangebote und Immobilien, er beschließt, länger zu arbeiten und den nächsten Karrieresprung doch schneller anzugehen. Die Frau lächelt. Sie hat die Hand auf ihrem Bauch, ist ganz im Moment oder bei den Planungen für die kommenden Wochen.

Als auch er endlich einen Tritt in die aufgelegte Hand spürt und dann noch einen, ist er zweiter oder dritter oder fünfter nach den Freundinnen, der Mutter, der Ärztin und der Hebamme, denn er ist ja nun viel im Büro.

Schließlich geht die Frau die Treppen langsamer und stützt sich mit der Hand an der Wand ab. Er fährt sie zur Geburt, für die sie nach langem Prüfen und einigen Informationsabenden den Ort gefunden haben, an dem sie sich wohl fühlt. Die Geburt ist ein Abenteuer, ein Kaiserschnitt kann gerade noch verhindert werden. Das geborene Kind wird sofort auf den Bauch der Mutter gelegt. Der Mann durchtrennt die Nabelschnur, ausgerechnet das tut er. Anschließend wird das Kind an ihre Brust gelegt, das macht die Hebamme, noch bevor der Vater sein Kind berührt hat. In der Hand bleibt das Gefühl der Sehnigkeit, die die Nabelschnur hatte und die er nur mit kräftigem Druck in die Schere überwand. Das hatte die Hebamme auch gesagt, als er zu zaghaft war und sie nicht durchschneiden konnte: Kräftig!

Noch mit diesem Gefühl in der Hand, schaut er auf Mutter und Kind. Sie sind jetzt das, wonach sich jeder Mensch sehnt: eine Einheit, ein unzertrennliches Paar. Voneinander abhängig und einander aufs Leben ohne jeden Vorbehalt zugetan. Es wird auf Monate so bleiben, auf Jahre, oft auf Jahrzehnte, manchmal ein Leben lang.

In der ersten Woche nach der Geburt kommt eine beste Freundin der jungen Mutter zu Besuch. Sie packt Geschenke aus, Babysachen und Muttersachen. Als alles ausgepackt und angesehen ist, protestiert der Vater spaßhaft. Denn wir stellen uns einen Vater vor, an dem die Jahrzehnte nicht spurlos vorbeigegangen sind: Und ich, fragt er, denkt noch irgendjemand an den Vater?

Die Freundin schlägt sich die Hand vor den Mund und entschuldigt sich emphatisch: Es sei ihr fürchterlich peinlich. Er habe total Recht. An den Vater denke überhaupt nie jemand.

Natürlich wiegelt er ab. Er protestiert, lacht, beteuert, er habe das nur zum Spaß gesagt, schließlich ginge es hier nicht um ihn. Aber sie lässt es sich nicht nehmen, sofort eine Flasche sehr guten Weines zu holen, den sie zusammen trinken. Mutter und Kind gehen schlafen, ab und zu hört man das Baby bis in die Küche. Von seinen Rückenschmerzen zu reden, von seinen Existenzängsten, dem Mobbing im Büro und seinem ungesunden Lebensstil, auf die Idee kommt er gar nicht. Geschweige denn von der lauernden Angst, das Kind sei nicht von ihm: Jeder fünfte Test, das hat er gelesen, fällt so aus.

EIN FREUND, NENNEN wir ihn Patrick, erzählt mir von seinem ersten Kind, das Mitte der neunziger Jahre zur Welt kam: »Natürlich war ich bei der Geburt dabei. Wir waren im Geburtshaus, das damals noch ideologische Fußfesseln trug. Als unser Kind zwei Wochen übertragen war, gab es den Verdacht, die Plazenta löse sich. Es hatte eine Blutung gegeben, deren Ursache nicht klar war. Die Gynäkologin sagte, sie könne ein Gerinnsel unter dem Mutterkuchen nicht ausschließen. Weil er an der Hinterwand saß, konnte man das nicht gut sehen. Die Gerinnungswerte waren nicht ideal, aber auch kaum auffällig. Trotzdem riet sie uns, ein Krankenhaus aufzusuchen und die Geburt einleiten zu lassen. Im Geburtshaus nahm man ein Risiko für das Kind aber leichten Herzens in Kauf, wenn nur die Geburt natürlich vonstatten ging. Die Hebamme fragte nach Schmerzen, und es gab keine. Dann hielt sie einen Vortrag über die gläserne Gebärmutter, und wie schlecht es für das Kind sei, wenn man dauernd schalle.«

Patrick verdreht die Augen und erzählt weiter: »Eine Belästigung durch Ultraschall gegen eine mögliche unzureichende Durchblutung bei drohendem Hirnschaden oder mehr! Tatsächlich ging es ihr auch nicht ums Kind, sondern um die Mutter. Ich stellte nämlich in sehr sachlichem Ton die Frage, wie gefährlich unsere Situation denn nun war. Auf ihren ratlosen Blick hin fragte ich, ob sie Zahlen habe, mit denen man bei dem Übertragungszeitraum, dem Schallbild und der Blutung das Risiko einordnen könne. Daraufhin brachte sie es fertig, den Kopf zu schütteln und von einem gleichen Fall zu erzählen, indem sie das Risiko des Wartens auch auf sich genommen habe. Die Mutter habe sich damals sehr gut gefühlt, und das sei für sie immer der entscheidende Punkt. Als diese andere Mutter am nächsten Morgen anrief und sagte, sie glaube, das Kind sei gestorben, haben sie sich gleich früh im Geburtshaus getroffen. Sie betonte: Gleich als erste, noch vor den anderen Terminen. Sie mussten feststellen, dass das Gefühl die Mutter nicht getrogen hatte.«

Ich sage automatisch: »Nein.«

Patrick: »Stell dir vor, die Hebamme trug ein seliges Glück auf den halb geschlossenen Augenlidern, als sie uns erzählte, dass die Mutter darauf bestanden habe, das tote Kind im Geburtshaus zur Welt zu bringen. Wörtlich sagte die Hebamme: Es war auch eine wirklich sehr schöne Geburt.«

Was nichts anderes als grüner oder feministischer Faschismus war, machte Patrick zunächst sprachlos: »Auf dem Rückweg erst, mit den Händen am Lenkrad kochte die Wut in mir hoch. Ich musste mich aber beherrschen, oder sagen wir: Ich beherrschte mich. Natürlich wollte ich meine Lebensgefährtin nicht unter Druck setzen, aber heute frage ich mich: Wieso eigentlich nicht? Zuhause angekommen, habe ich die Flasche Wodka geöffnet, die wir zusammen mit Rizinusöl für eine erste, extra sanfte Einleitung gekauft hatten, wie vom Geburtshaus empfohlen. Ich schenkte mir ein halbes Wasserglas ein, dann noch eins. Nach dem dritten war ich locker genug, um mit meiner Freundin auszuhandeln, noch einen Tag zu warten, und falls dann nichts passiert, ins

Krankenhaus zu gehen. Sie stimmte dem zu, vermutlich wollte sie Zeit gewinnen. Ich hatte das Gefühl, dass sie Angst vor der Geburt hatte oder den Zustand genoss. Schließlich sah ich ihr in die Augen und sagte: Du musst jetzt auch loslassen. Überrascht, wenn nicht überrumpelt, riss sie die Augen auf und nickte. Noch in derselben Nacht weckte sie mich mit einem Ellbogenstoß und den Worten: Es geht los.«

Patrick ist mit seiner Freundin dann noch einige Stunden allein gewesen, in denen er sich bemühte, nicht zu stören und ihr jeden Wunsch zu erfüllen. Sie wollte Hühnersuppe, die er an einer Tankstelle bekam, denn die Geschäfte waren noch nicht auf, dann wollte sie nicht wie geplant mit einem Freund fahren, der auf den Anruf wartete. Patrick rief ein Taxi.

Er wird wieder ernst, als er erzählt: »An der Tür des Geburtshauses war meine Stellung als engster Begleiter, der ich bis dahin war, sofort auf die Hebamme übergegangen. Ich war jetzt nur noch Beobachter. Mich schmerzte das, aber natürlich war es richtig. Stundenlang passierte dann nicht viel, und schließlich, weil die Hebamme unentschlossen war und die Mutter sichtbar am Ende ihrer Kräfte, übernahm ich die Initiative und konnte so wichtige Entscheidungen herbeiführen. Wir wechselten den Raum und die Stellung, und nach ein paar Minuten war unser Sohn endlich geboren. Die Plazenta kam auch schnell, an ihrer Unterseite zeigte mir die Hebamme, es war nicht dieselbe, den Blutklumpen. Er war so groß wie eine Kinderfaust.«

Patrick war froh, dass alles gut gegangen war, und weiß gar nicht mehr, wie sie nach Hause gekommen sind, was er dann gemacht hat: »Ich glaube, ich habe lange und tief geschlafen.«

»Mutterkult«, sagt er dann, »gehört zu den unguten Ergebnissen des Feminismus. Normaler Respekt würde ausreichen, aber die Sache ist überzogen worden. Man vergisst, dass auch noch andere Menschen an einer Geburt beteiligt sind, allen voran das Kind.«

MIR FIEL DAS Gespräch ein, das ich Anfang der neunziger Jahre in einer Wohngemeinschaft in New York führte, in der ich drei Wintermonate lang meine Wochenenden verbrachte. Eine Frau räumte immer am Wochenende ihr Bett für mich und zog zu ihrem Freund. Manchmal aßen wir am Freitag oder Samstag zusammen. Inmitten einer der wie üblich hitzigen Diskussionen über Frauen und Männer sagte sie plötzlich: »Wenn wir wollen, dass die Männer sich mehr beteiligen, dass sie sich verantwortlich fühlen, dann ist der Satz, mein Bauch gehört mir, falsch.«

Sie bezeichnete sich sehr wohl als Feministin, und ich glaube, es hat mich nie eine stärker beeindruckt. So leicht ist das. Und so schwer.

NICHT LANGE DANACH wurde auch ich zum ersten Mal Vater. Als mein Sohn längst sprach, arbeitete ich zuviel. Wir hatten nicht viel Geld, ich hatte meinen ersten Beruf aufgegeben und wollte nun Schriftsteller werden, musste mich damit erst etablieren und lebte von Erspartem. Meine Lebensgefährtin war ebenfalls gerade dabei, sich beruflich neu zu orientieren. Ich war diffus und chronisch krank, aber statt den richtigen Arzt zu suchen, arbeitete ich ständig. Ich zahlte zu viele Rechnungen, nahm zu viele Aufträge von Zeitungen an, war oft samstags unterwegs, schrieb sonntags Artikel, um montags wieder in meinem Arbeitszimmer am

Roman zu sitzen. Freie Tage gab es quasi nicht. Mit meinem Kind war ich kaum mal ein paar Minuten allein.

Nur in Stresssituationen sprang ich ein: Wenn man die Entscheidung fällen musste, Polypen aus der Nase zu entfernen, wenn man zur OP gehen musste, das Kind narkotisieren und mit Schmerzen aufwachen lassen, es beruhigen und nach Hause bringen musste, war ich die erste Person. Genauso war es am Geburtstag, der in Hysterie endete, weil man den ganzen Tag ansonsten verbotene Süßigkeiten vor ihm aufgehäuft hatte, ohne erklären zu können, warum das plötzlich erlaubt war und er sich über etwas freuen sollte, dessen Verbot ihn sonst so viel Kraft kostete. Dann hielt ich zwei Stunden im Zimmer aus, bis das Schluchzen nachließ. Mein Verhalten war heroisch, und dem Heroischen wohnt immer etwas Niedriges inne: Ich nahm, was ich kriegen konnte, um meinen sozialen Rang zu erhöhen.

Das ist eine Technik, die nicht funktioniert: Wenn ich an einem ganz normalen Nachmittag von meinem Arbeitszimmer am Ende der Wohnung in die Küche kam, wo mein Sohn neben der Mutter auf seinem Hochstuhl am Tisch saß, sah er die Mutter an und sagte laut: »Papa soll wieder rausgehen.« Er wollte die Aufmerksamkeit der Mutter nicht teilen. Mindestens war es das. Ich hatte aber auch das Gefühl, er sagte bloß, was sie dachte. Auch sie wollte die Aufmerksamkeit nicht teilen, die des Kindes. Denn widersprochen hat sie nicht.

Bevor ich mich dazu artikulierte, musste ich das Schamgefühl überwinden, das diese Verletzung mir bereitete. Ich erzählte die Geschichte beim Skat und beim Badminton anderen Vätern. Sie bestätigten mir überraschend oft und ohne großes Aufheben: Ja, solche Situationen kannten sie. Sie sagten aber auch meist, es dauere halt, bis ein echtes Verhältnis zwischen Vater und Kind entstehe. Erst wenn Sprache richtig da sei, geschehe das. Wenn das Kind spreche.

Also mit zwei Jahren? Oder wenn es zu argumentieren anfange, also vielleicht wenn es sechs oder acht oder zehn Jahre alt ist? Oder wann argumentiert man eigentlich ernsthaft – mit achtzehn? Dann ist es zu spät, das Kind geht aus dem Haus, der Vater geht leer aus. Und so ist es immer gewesen. Ein Mann, der nie bewusst Einssein mit einem anderen Menschen erlebt hat, ist keine Ausnahme. Er ist die Regel.

ICH WOLLTE VON meinem Sohn jedenfalls mehr haben. Und er sollte mehr von mir haben. Eines Tages kündigte ich die Bereitschaft, die Rechnungen zu bezahlen, und forderte Zeit, die ich allein mit ihm verbrachte. Es war ein Bruch aller nie ausgesprochenen Vereinbarungen. Er war nicht verhandelbar. Ohne Olympe de Gouges damals schon gelesen zu haben, hatte ich sie auf meiner Seite: Einen über zweihundert Jahre alten Feminismus. Meine Weigerung war der Beginn einer eigenständigen Beziehung zu meinem Sohn.

Auch wenn es dauerte. Am ersten gemeinsamen Sonntag fuhren wir zu einem Segelflugplatz. Als ob ich weit weg lebte und mich erst einmal ins Glück einkaufen müsste, gab ich irrsinnig viel Geld aus. Es war mehr, als die Mutter meines Sohnes an dem Tag verdienen konnte. Hilflos, wie ich war, versuchte ich, mein Kind zu beeindrucken. Ich benahm mich wie ein entfernter Verwandter, der das Kind kaum je einmal sieht. Für Segelflugzeuge war es an dem Tag zu windig, so charterte ich ein einfaches Motorflugzeug, mit dem wir einige Kreise über den Flugplatz drehten. Um das zu genießen, war mein Sohn viel zu klein. Es war so laut in dem kleinen Cockpit, dass wir kein Wort reden konnten, wir brüllten uns aus vollen Hälsen an, grinsten, den Wind in den Wangen, der durch alle Ritzen pfiff. Mein Sohn war aber auch erschrocken, er hatte Angst und konnte nicht nach unten sehen. Den Tag mit dem Vater fand er dennoch aufregend: irgendwie.

Schnell wurde es besser. Wir fingen an, die Puppentheater in Berlin zu besuchen. Fast wäre ich dann der erste Berliner Puppentheaterkritiker im zweiten Nebenberuf geworden, denn ich schlug meiner Zeitung vor, es solle jemand darüber schreiben. Schließlich gab es sehr unterschiedliche Qualität: Mal gab ein älterer Herr alles, um die Kinder und die Erwachsenen mit nicht mehr als zwei oder drei Puppen zu bezaubern. Mal hatte man junge Schauspieler vor sich, die vom Ruhm der großen Bühnen oder vom *Tatort* träumten, aber erst einmal Geld verdienen mussten. Sie spulten ein altes Märchen lieblos herunter.

Harmoniesüchtig, wie sie sind, brüllten die Kinder, sie klatschten und trampelten sowieso. Sie füllen immer alle Lücken aus, wenn sie können. Und dennoch merken sie genau, ob etwas mit Liebe gemacht ist. Über den älteren Puppenspieler sagte mein Sohn: »Der war echt gut, oder?«

Auf den Vorschlag, Rezensionen anzubieten, schrieb mein Redakteur: Gute Idee, mach es selbst. Am folgenden Sonntag formulierte ich während der Vorstellung im Geist schon den Text vor und war auf dem Weg nach Hause kaum ansprechbar. »Hörst du überhaupt zu?«, fragte mein Sohn. So gab ich es auf. Diese Sonntage sollten unserer wachsenden Zweisamkeit vorbehalten bleiben.

Sie sollte zum größten Geschenk werden. Und als sich meine Erkrankung verschlimmerte, war mein Sohn die größte Stütze. Er verstand zwar nicht, was passierte, wusste aber genau, dass ich nicht zum Spaß jammerte, statt zu arbeiten im Bett lag oder mit zitternden Händen am Tisch saß und verzweifelt weinte, weil niemand sagen konnte, was ich hatte. Mein Sohn war die Person, die zu mir hielt, der wusste, dass ich nicht nur so tue, als ob ich krank bin. Was ein Hypochonder ist, das hätte er gar nicht verstanden. Kinder lassen sich nicht leicht täuschen. Um zu sehen, brauchen sie keine Worte.

DIESE ZWEISAMKEIT VON Vater und Sohn war aber wohl auch ein Stein, der aus dem Fundament der Partnerschaft von Vater und Mutter gehauen wurde. Ich hatte Ernst gemacht und war ins Innerste, Selbstverständlichste und Wertvollste vorgedrungen. Einige zähe Jahre später hatten wir Eltern uns getrennt, wie die meisten anderen Eltern in unserer Kita es schon getan hatten. Mein Glück: Als Einziger der unverheirateten Väter hatte ich mir das Sorgerecht gesichert. Andere Väter fingen mit der Trennung neben dem Zahlen das Laufen an. Wer nicht spurte, sah sein Kind nicht mehr oder saß beim Anwalt.

Die allererste Zeit war mein Sohn nur bei mir. Ich war weiter krank und benötigte noch einige Jahre, bis ich eine idiotische Fehldiagnose richtigstellen, verklemmte Halswirbel und ein Schwermetall als Ursache ausmachen konnte und einen holprigen Weg der Gesundung einschlug. Wie oft ich in diesen Jahren nachmittags um zwei die Tastatur beiseite geschoben habe, um meinen Sohn von der Kita zu holen, zur Musikschule und zum Fußballtraining zu bringen und wieder abzuholen, möchte ich gar nicht wissen. Ich habe jeden dieser Tage geliebt, jede Minute, die wir in der Stadt unterwegs waren, er im Kindersitz oder mit von sich gestreckten Beinen auf dem Gepäckträger unseres Hubschraubers, wie wir das Mountainbike nannten, das ich dafür gekauft hatte. Ich fuhr gern Wellenlinien, und er schrie und juchzte begeistert, und nach einiger Zeit hatte ich raus, wie weit ich gehen konnte und wann es zu viel war. Beinahe jede Woche schob sich die Grenze weiter raus. Abends stand ich im Halbdunkel der zum Flur geöffneten Kinderzimmertür an seinem Hochbett und fragte ihn, ob er einen guten Tag gehabt habe. Er antwortete ehrlich.

Jetzt ist er so groß wie ich, ich bin wieder gesund, und den Hubschrauber habe ich ihm gerade geschenkt, weil man ihm sein letztes Fahrrad gestohlen hat. Es war sowieso zu klein geworden.

ICH ERINNERE MICH an einen Cartoon, der damals in der *taz* war: Steigt ein Mann in einen ICE. Anzug, Krawatte, Aktenkoffer. Im ganzen Großraumabteil ist nur noch ein leerer Platz, neben einer Frau.

Höflich fragt der Mann sie, ob der Sitz frei sei. Ja, sagt die Frau, aber glauben Sie bloß nicht, dass ich mit Ihnen schlafe.

Man lacht, aber wieso und über wen?

Ich erzähle einem Freund, Andreas, von dem Cartoon. Daraufhin erzählt er mir von einer Liebschaft, die er während der Studienzeit hatte: »Weil in meinem Haus Bauarbeiten waren, die immer früh begannen, übernachtete ich manchmal bei einer Kommilitonin. Christine. Wir schliefen in einem Bett, aber nicht miteinander. Nicht, dass ich nicht auf die Idee gekommen wäre. Aber während meiner Pubertät trugen Mädchen den Schnipp-Schnapp-Anstecker mit der

Forderung, Schwanz ab, so dass ich ohne Zeichen oder Aufforderung ganz bestimmt nichts unternehme. Zudem bin ich kein Draufgänger, ich bin eher ein Schauender. Das ging einige Monate so. Ich mochte dieses gemeinsame Schlafen und die langsam sich einstellende Vertrautheit. Vielleicht holte ich eine Geschwisterlichkeit nach, die ich in der Familie nicht gehabt hatte, denn zu meiner Schwester bestand nie ein gutes Verhältnis. Sie hatte auch diesen Anstecker an ihren Strickjacken gehabt.

Zweimal in der Woche schlief ich bei Christine. Ich bemerkte den wachsenden Respekt, den ihre lesbische Mitbewohnerin mir entgegenbrachte und der vermutlich mit meiner fehlenden Offensivität zu tun hatte. Sie fing an, mit mir zu flirten, und ich ging ein bisschen darauf ein, weil ich es für einen Spaß hielt. Christine neckte uns deswegen, zeigte dabei aber doch bald eine gewisse Aggression. Wir ließen es dann wieder. Im Grunde habe ich bei den beiden Frauen nur normale Familie gelebt und das genossen.«

Dann ändert Andreas den Ton, er wird zügiger: »Eines Tages ging ich in die Sporthalle der Universität. Man konnte zu Beginn des Semesters Hallenzeiten beantragen, und wenn man schnell genug war oder später Losglück hatte, gründete man seine eigene Sportgruppe. Ich hatte eine Fußballgruppe. Als ich zum ersten Mal hinkam, war ich etwa 20 Minuten zu früh. Das ergab sich aus dem Terminplan. Ich wollte auch sichergehen, dass alles da war, was wir brauchten. Manchmal musste man den Hausmeister suchen gehen, um an Bälle zu kommen oder die Kabinen aufzuschließen.«

Als er in die Halle sieht, spielt dort eine Gruppe Frauen Volleyball. Darunter Christine. »Sie sah mich erst nicht. Dann kam ein Freund, der zu meiner Gruppe gehörte, und wir standen in der Tür der Halle und unterhielten uns, manchmal guckten wir einem Ballwechsel zu, oder weil es laut geworden war, sahen wir zum Spielfeld, aber nicht sehr konzentriert. Wir waren mehr bei unserem Gespräch, obwohl es inhaltlich unwichtig war, Bundesliga glaube ich. Mehr aus Höflichkeit hat jeder dem anderen zugehört.«

Als die Spielzeit der Frauen um war, kam Christine aber sofort auf Andreas zu und empörte sich: Er würde hier spannen.

Andreas erzählt: »Ich war platt und fragte, ob sie das ernst meinte! Sie wollte wissen, was ich hier in der Sporthalle verloren hätte, und ich entgegnete, jetzt selbst eine Sportgruppe zu haben, direkt nach ihrer. Christine erklärte mir, dass hier öfters ein Mann auftauche, er soll in die Dusche der Frauen geguckt haben, und sie toleriere deshalb nicht, wenn man ihnen beim Sport zusieht. Sie selbst hatte den Mann aber nie gesehen, nur von ihm gehört.«

Für den Abend waren sie schon verabredet, und so fuhr Andreas zu ihr, sie aßen zu Abend, tranken eine Flasche Rotwein und gingen schlafen. Als das Licht aus war, sagte Christine, es ginge heute mal. Andreas lacht: »Ich habe tatsächlich gefragt: Was ginge? Erst im zweiten Moment habe ich verstanden, was sie wollte. Sie kam aber nicht auf die Idee, mich anzufassen. Also machte ich alles. Danach habe ich mich sehr leer gefühlt, wie ausgenommen.«

Er hat noch ein paar Mal bei Christine übernachtet, seltener allerdings. Geschlafen haben sie kein zweites Mal miteinander. »Der Sommer kam«, erzählt Andreas, »jeder fuhr für sich weg, und danach habe ich auf ihren Anruf nicht mehr geantwortet.«

Ihr hat der aktive Mann gefehlt, ihm die aktive Frau.

Einige Jahre später trafen sie sich in Berlin wieder, wohin jeder für sich gezogen war, und nahmen die Beziehung noch einmal auf. Aber auch dieses Mal fühlte Andreas sich nicht angenommen. »Oder nur aufgenommen«, sagt er schließlich. Sie verloren sich ganz aus den Augen, nachdem Christine ihn mit Vorwürfen übergossen hatte: Er sei grob und ignoriere ihre Gefühle.

EIN TYPISCH POLARISIERTES Gespräch. Seine Gefühle kommen auf keiner Seite zur Sprache, und man wird beim Niederschreiben dieser Szenen grantig oder hofft, dass Niederschreiben diesmal auch Niederringen ist, das Niederringen der Vorwürfe gegen Andreas, die mit seinem Wesen nicht das Geringste zu tun haben. Sie sind reiner Zeitgeist. Dabei wird um Geschlechter natürlich nicht irrationaler debattiert als um andere politische Gegenstände. Wie lange hat man die Ökologie gegen die Ökonomie auszuspielen versucht, nur um sich nicht bewegen zu müssen. Es ist irrsinnig viel Zeit verloren gegangen, bis der Widerspruch sich erst in Luft auflöste und dann mit dem Hinweis auf neue Gewinne in sein glattes Gegenteil verwandelte. Jetzt preist man die dritte industrielle Revolution mit dezentraler Energieversorgung als große Chance zum Wachstum. Gespräche über Atomkraft, Organspende oder den Einsatz deutscher Soldaten in Afghanistan sind verglichen mit dem Feminismus aber noch immer leicht wie hochsommerliche Spaziergänge an der Ostsee.

Gedankengänge sind eben verführerisch, und Geschichte ist immer auch Liebesgeschichte. Es gibt Frauen, die lieben den Feminismus so, wie Männer ihre Sportwagen lieben. Feminismus muss eigentlich als notwendiges Übel begriffen werden, denn man wünscht sich ja, er wäre nicht nötig. Aber die meisten Frauen denken: Das ist unser schöner Feminismus, mit dem wir hier durch die Landschaft fahren. Sie verwechseln den Feminismus mit ihrem Körper und sagen: Vorsicht, nicht anfassen! Sie kennen sich in ihm aus wie nirgends sonst. Es handelt sich um Wohlfühlfeministinnen im Wohlfühlfeminismus. Sie haben immer eine Zahl oder ein tödliches Argument bei der Hand und halten jeden, der auch nur einen halben Satz sagen will, ohne vorher seine feministische Dienstmarke mit Dienstgradausweis gezeigt zu haben, für einen Reaktionär, den man im Sinne der Bewegung keinesfalls ausreden lassen darf. Die Krankenkassen finanzieren in der Krebsvorsorge Frauen ungleich besser als Männer? Im Vietnamkrieg wurden 58 193 Amerikaner getötet, davon acht Frauen? Auch in gebildeten Kreisen gilt: Wer sich den Abend gründlich verderben will, sagt solche Sätze. In verdutzte Gesichter hinein habe ich schon öfter gesagt: Nicht achttausend, oder achthundert. Mit zwei eingeknickten Fingern an der linken Hand zeige ich: Auch nicht achtzig, sondern acht. Die Gesichter wissen nicht, was ich mit den acht Frauen beweisen möchte.

Sie denken: Aber die Vergewaltigungen. Damit steht wieder der Penis als Waffe im Raum. Ich bin der Meinung, dass bei den Vergewaltigungen das männliche Geschlechtsorgan keine Waffe ist, sondern der ganze Mann, ob nun mit Viagra oder anderen Drogen vollgepumpt, die Munition darstellt. Die Waffe ist seine Verfügbarkeit, seine Fügsamkeit. Dass er sich verwenden lässt.

Mit dem Feminismus hauen Frauen die einfachsten Argumente und simpelsten Zahlen weg. Sie sind dann Pseudogewinnerinnen, und das reicht ihnen vollkommen. Immer riechen sie die Bevormundung und die Benachteilung, die ihnen aus den Jahrhunderten noch immer in den Rücken und von da um die Nase wehen. So können sie Verliererinnen bleiben und daher weiter besondere Zuwendung und Nachsicht begründen, ohne sich selbst die Hände schmutzig zu machen. Die meisten Frauen wollen auch nur mit Frauen über den Feminismus reden. Männer interessieren sie in diesem Zusammenhang nicht. Vielleicht ist der Feminismus ja ein Sport, dem Synchronschwimmen verwandt. Die Damen dieses Sportes glauben schließlich auch, ihre Disziplin, für die sie so hart arbeiten, sähe gut aus und ginge andere schon deshalb etwas an. Oder er ist eine Religion, die nach dem Hirnforscher Michael Gazzaniga der Annahme gleicht, in einem Flugzeug in elf Kilometern Höhe bei einer Geschwindigkeit von 900 Kilometern pro Stunde zu sitzen sei normal. Immerhin sieht man dabei meistens einen lächerlichen Kinofilm, und in einem Höhenflug befand sich der Feminismus jahrzehntelang allemal.

Religion und Sport sind sehr menschlich, im Sport denkt man sich verrückte Regeln aus nach dem Motto: Spiele den Ball nicht mit der Hand. Dann sieht man sich das Ergebnis so lange an, bis es einem vollkommen normal erscheint, den Ball, der aus zehn oder zwanzig Metern Höhe mit achtzig Stundenkilometern angeflogen kommt, nicht mit der Hand zu spielen, sondern mit dem Kopf zu stoßen, als sei das trotz weicher Partien am Schädel, der empfindlichen Halswirbel und des anderen Schädels, der an den Ball zu kommen versucht, völlig normal. Manche finden einen Kopfball sogar schön und sagen: »Was für ein schöner Kopfball!« Obwohl es bei Lichte betrachtet völlig blöde aussieht.

Der Ausschluss von Männern in der Debatte um den Sexismus ist nur konsequent. Jedem, der ein solches Redeverbot für Männer bescheuert findet, wirft man vor, bloß beleidigt zu sein, dass er seine tradierten Dominanztechniken nicht mehr ausspielen kann.

ZUM FRAUENKULTURZENTRUM MEINER Heimatstadt hatten Männer keinen Zutritt. Viele meiner Freundinnen gingen aber auch nie hin, weil sie dort immerzu erotische Offerten bekamen, deren Stil ihnen nicht zusagte. Sie hatten keinen Bock auf die Baggerei. Und nach vielleicht einem Jahrzehnt gab es das Problem, dass die künstlichen Befruchtungen viele Jungs produziert hatten, sehr viel mehr Jungs als Mädchen. Frauen stritten nun, ob sie ihre Söhne ins *Fraze* – sprich: Fratze – mitbringen durften. Es gab angeblich genügend Wortführerinnen, die dagegen waren.

Es gibt auch eine ganze Reihe anderer Stereotype, die sich im Zuge des Feminismus durch den Emanzipationsdruck gebildet haben. Frauen, die nur mit Männern zusammen sein können, die ihnen schon in Bildung und Ausbildung unterlegen sind. Frauen, die ihre Männer in Gesellschaft demütigen. Das kommt oft in intellektuellen Kreisen vor, wo der Druck auf die Frauen am größten ist. Hier gibt es wieder die Männer, die das aus unreflektiertem Kollektivschuldempfinden hinnehmen, obwohl es hochmütig ist, sich nicht zu wehren. Unwissenderweise sagen sie implizit: Meine Frau ist so harmlos und unterdrückt, das muss ich gar nicht kommentieren. Lass sie mal auftrumpfen, ich unterstütze das. Lennon light.

Frauen schließlich, die nur mit Männern aus anderen Kulturen zusammen sind oder mit kranken Männern, um die etwaigen Defizite vor dem feministischen Revolutionsrat zu kaschieren.

Ich fürchte, die ärgerlichste Haltung ist die am weitesten verbreitete: Die meisten Menschen finden den Feminismus irgendwie putzig. Was er erreicht hat, ist selbstverständlich, und unverständlich ist, dass er noch immer nicht am Ziel ist. Wieso kommen die damit nicht zu Ende?

Oder das glatte Gegenteil: Eine Million Menschen demonstrieren gegen Berlusconi. Genauer: Gegen sein Frauenbild. Männer und Frauen demonstrieren gegen das Frauenbild Berlusconis. So sagt es ein älterer Herr ins Fernsehen hinein.

Ich bin keine Frau. Aber mich stört auch etwas: das Männerbild, das er vertritt.

DIE ERDABGEWANDTE SEITE des Mannes interessiert mich mehr als die letzte akademische Theorie und subtilste Feinheit des Feminismus. Ich glaube, diese Seite ist seine größere und stärkere. Weil er sie nicht zeigt, habe ich mich in der Welt der Männer nie zuhause gefühlt. Seit wie vielen Jahren versuche ich das nicht mehr? Angefangen hat es beim Fußball.

Ich hätte zwar lieber eine Geige oder eine elektrische Gitarre in der Hand als einen Ball am Fuß gehabt. Aber das traute ich mir nicht zu sagen. Auch einen anderen Sport hätte ich lieber betrieben, zum Beispiel fuhr ich gern mit dem Rennrad den nahen Berg hoch und runter. Ich war damals sehr leicht. Und noch mit dreißig Jahren wog ich bei einer Körpergröße von 1,80 Meter keine fünfundsechzig Kilo. Meine Lunge war mit sechseinhalb Litern beinahe anderthalb mal so groß wie gewöhnlich. Mit etwas Training wäre ich wohl ein recht guter Radfahrer geworden. Nur fuhr damals niemand Rad.

Wer als Junge am sozialen Leben teilnehmen wollte, der musste Fußball spielen. Wer nicht im Fußballverein war, der war komisch. Und komisch war ich schon zur Genüge. Nach langen Diskussionen mit meinen Eltern und um meinen Komikfaktor zu verringern, trat ich also in den Fußballverein ein, wie es bis heute Millionen von Jungs tun. Vom Fußballverein wurde ich nicht überrascht. Dort wurde genau das gemacht, was ich erwartet hatte: Es wurde getreten, auf den Boden gespuckt und zu jedem beliebigen Thema unglaublich dummes Zeug geredet. Wenn ich unter der Dusche das Shampoo aus den Haaren wusch, hielten meine Kameraden mir ihre Schwänze an den Arsch. Sie grölten vor Freude, wenn ich die Augen zu spät wieder offen hatte, um zu sehen, wer es war. Begeistert war ich nicht davon, obwohl ich jetzt, wo ich mich daran erinnere und es hinschreibe, lächeln muss.

Nach dem Duschen schlug einer in der Kabine mit dem Handtuch um die Schultern vor, am spielfreien Wochenende nach Möse zu fahren. Der nächste fragte so gelassen, als ginge es um das Bestellen einer Cola im Dorfkrug: Welches Möse denn?

Achselzucken: Gibt es mehrere?

Nur das im Osten, daher Gegenvorschlag: Feuchtensen.

Titting!

Frage, betont desinteressiert gestellt: Und was machen wir da?

Antwort: Na, Zelten!

Schließlich hellte sich ein Gesicht auf: Vielleicht gibt's wieder Pflaumenkuchen!

Das verstand jeder sofort. Aber diese Köstlichkeit gab es, was Wunder, natürlich nie. Einmal bin ich tatsächlich mitgefahren. Was es gab, war Rumstehen und Biertrinken, Rauchen und Würstchen grillen, Rülpsen und breitbeinig und dampfend an Bäume pissen, während man über die Schulter weiter mit den anderen redete, am besten über die sagenhafte Blondine vom letzten Mal: Nach stundenlangem Betteln hatte sie doch tatsächlich ihre Telefonnummer herausgerückt! Ach, sie war falsch? Darauf Gegröle …

Sie fuhren wirklich oft zelten, wenn auch nicht nach Möse oder Feuchtensen oder Titting. Sie kamen meistens nur bis Helpup, wo sie spät nachts besoffen und stolz auf ihre Bierleistung, die sie sich gegenseitig nannten, in ihre feuchten Schlafsäcke krochen und versuchten, durch die Nacht zu kommen, ohne zu kotzen.

Ich schämte mich für sie, aber mehr noch hatte ich Mitleid. Denn ich konnte ja sehen, wie ausgeliefert sie sich der Anziehung fühlten, die Frauen auf sie ausübten. Wie sie ihrem Begehren erlegen waren, das sie nicht von den Erwartungen trennen konnten, die aktive Erziehung und stiller Konsens in sie gepflanzt hatten. Sie ahnten, welche Kraft es war, die sie ab jetzt und für den Rest ihres Lebens beherrschen würde, und alberten deswegen herum, bezeugten sich ihren Zusammenhalt. Sie hatten aber doch nur Angst vor der Willkür der Zuneigung und vor der Kälte, die ihnen bevorstand. Mit ihrem Gehabe wollten sie diese Kälte noch einmal vertreiben und wussten doch genau, dass bald jeder allein sein würde, wie jeder im feuchten Schlafsack mit sich und den zu viel getrunkenen Bieren und dem Versuch allein war, sie bei sich zu behalten. Jeder fragte sich, wie viel Ablehnung auf ihn wartete.

Die Jungen wissen nicht, sagt Camus mit einundzwanzig Jahren, dass die Erfahrung eine Niederlage ist. Ich glaube, sie ahnen es: Jeder wird ein Mann sein müssen, und ein Mann, das ist sicher kein Zweifler, kein Kranker und kein Armer. Jeder von uns wurde ständig gefragt, was er werden sollte. Niemand war schon etwas.

Mir engte diese Frage von Anfang an die Kehle ein. Und sie empörte mich: Weshalb zum Teufel sollte ich immerzu etwas werden? War ich nicht schon was? Ich war doch, dachte ich als kleiner Junge, schon wer! Ich war eben ich. Vielleicht könnte ich, so dachte ich, dies oder jenes tun im Leben, es machen. Ich könnte auch dies oder jenes sein lassen, auch nicht ganz unwichtig. Aber wieso sollte ich etwas werden, das ich nicht schon war?

Die zur Verfügung stehenden Möglichkeiten klangen zudem allesamt schrecklich banal und einengend: Eisenbahnführer sagten viele damals noch. Ich sagte Kindergärtner, wahrscheinlich wegen der Freiheit der kindlichen Phantasie, deren Nähe ich behalten wollte. Oder weil ich meine Kindergärtnerinnen nicht gemocht habe, sie zu kühl fand. Ich wollte, dass es anderen Kindern besser geht. Vielleicht wollte ich auch Kindergärtner werden, um in dem ambitionsfreien Raum bleiben zu können, den der Kindergarten, abgesehen von der Frage an die Jungs, was sie denn mal werden wollten, noch darstellte. Es war wohl eine Verweigerung von blechtrommlerischem Ausmaß.

Aber wenn ich Kindergärtner sagte, lachte man. Immer. Verständlicherweise wollte ich nicht ausgelacht werden, und da die Fragerei nicht aufhörte, trat ich die Flucht nach vorne an. Nun sagte ich mit fester Stimme: Astronaut! Man nickte anerkennend: Oh! Astronaut war respektiert. Man strich mir über den Kopf, was ich nie gemocht habe. Man lächelte. Astronaut, das war eine rechte Gerade, die man dem Frager verpasst hatte: Siehst du, jetzt bist du still. Ein Astronaut, das war ein Mann.

Meinen geheimen Traum behielt ich allerdings für mich: Ich wollte, kaum Astronaut geworden und im Weltall auf Spaziergang, das Kabel zum Shuttle mit dem heimlich mitgenommenen Taschenmesser kappen, um frei zu sein, um dieser Welt zu entkommen, in der ich nach Länge, Breite und Höhe sortiert wurde, nach Ambition, Mut, Kälte gegenüber dem Schicksal und nach meinem Gehalt, meinem Auto und meiner Gesundheit, die immer mal wieder zickte. Ich wollte ihr entkommen, bevor sie mich als zu kurz, zu schmal oder zu flach, zu lahm, zu feige, zu sensibel, zu arm, zu langsam, zu verheult und zu kränklich ausmusterte. Als zu wenig männlich eben. Das waren alles Eigenschaften, die ich an mir schon beobachtet hatte, wenn nicht andere mich auf sie aufmerksam machten. Irgendetwas würde früher oder später immer gefunden werden, bei dem ein anderer besser war. Das Leben bestand ja aus der Suche danach.

Eine kindische Phantasie natürlich, aussichtsloser Trotz. Aber ich beneidete die Mädchen darum, nicht ständig gefragt zu werden, was sie werden wollten. Während wir Besitztümer der Gesellschaft waren, die den Daumen hob oder senkte, ließ man die Mädchen damals – wir sind in den späten Sechzigern oder frühen Siebzigern – noch halbwegs in Ruhe.

Heute haben Frauen die Wahl, zumindest theoretisch. Sie haben sie sich erkämpft. Sie haben eine Wahl. Wir haben sie nicht. Wir müssen immer noch etwas werden, etwas sein und etwas darstellen. Wie die Kameraden beim Fußball, die statt aufzubegehren lieber die Bierflaschen zählten, in denen sie ihre Angst zu ertränken suchten, bevor sie ihre Kippen hinterherwarfen.

UND SIE HATTEN nicht nur das Bier. Im Vorgriff auf die bevorstehenden Kämpfe des Lebens probten sie auf dem Fußballplatz schon mal. Es wurden Aufgaben zugeteilt. Dank der großen Lunge, dem geringen Gewicht und meinem täglichen Radfahrpensum war ich der Langläufer. Natürlich spielte ich auf der Außenbahn. Ich konnte das ganze Spiel beinahe auf Ballhöhe sein und legte in der zweiten Hälfte der zweiten Halbzeit beim Laufpensum noch zu. Ich lief mich regelmäßig in einen Rausch. Dazu war ich ein guter Techniker. Das war nicht freundlich gemeint. Ich bekam den Ball gut unter Kontrolle, schoss mit links fast so gut wie mit rechts, oft merkte ich gar nicht, welchen Fuß ich nahm. Daher spielte ich meist Linksaußen, auch wenn es für die Flanke von links nie gereicht hat. Letztlich bin ich doch Rechtsfuß, aber einen echten Linksfuß hatten wir nicht. Ich ging also nicht wegen meiner Flanken, die von rechts phantastisch hätten sein können, in die Geschichte des Vereins ein.

Dazu hatte ich überdurchschnittliches kombinatorisches Talent: Spielzüge sah ich eine oder zwei Stationen weiter voraus als die meisten anderen. Meine Pässe gingen gern übers halbe Feld genau in den Lauf eines Stürmers oder vor dem Tor überraschend quer nach hinten, wo einer frei stand und von niemandem so gesehen wurde. Das liebte ich: Dem anderen den perfekten Ball servieren, wie auf silbernem Tablett.

Am eigenen großen Auftritt lag mir nichts, ich scheute ihn. Vor dem Tor war ich deshalb nicht gut. Da überlegte ich zu lange. Einmal sprang mir der Ball einen Meter vor der Torlinie von einer kleinen Erhebung an den Knöchel und von da senkrecht nach oben, er ging drüber, obwohl das eigentlich ein Ding der Unmöglichkeit war. Zumal für einen Techniker. Ich hätte bloß entschieden zutreten müssen, hielt jedoch nur den Fuß hin und wartete, dass der Ball selbst den Rest machte. Ich war nicht aggressiv genug.

Ein anderes Mal bekam ich einen wichtigen Elfmeter. Ich hatte neue Schuhe, deren Sohle ich noch nicht gut genug kannte, die Stollen waren länger als die alten abgelatschten, ich trat in den Boden, der Ball kullerte auf den Torwart zu. Am Spielfeldrand stand meine Freundin, ich schämte mich. Aber sie sagte, sie fand es nicht schlimm.

Mein größtes Problem war der Zweikampf. Ich war zu leicht und flog zu schnell. Dazu kam eine große Schmerzempfindlichkeit. Beim Zahn- oder Hautarzt brauche ich noch heute zur Betäubung eine dreifache Dosis. Beim Fußball begriff ich nicht, wie man es schaffte, den anderen in die rote Asche zu schicken, auf der wir spielten. Sie klebte in den Schürfwunden an Handflächen, Oberschenkeln, Hintern und Knien, manchmal auch Schultern. Diese Wunden waren groß wie Handteller, und wegen der Asche eiterten sie wochenlang. Später erfuhr ich, dass sie Dioxin enthielt, der Platz wurde saniert. Wir ignorierten die Wunden damals, warfen uns erneut hin, schürften sie wieder auf, bissen die Zähne zusammen und zeigten uns stolz die Wunden vor, als seien sie Pokale. Unter der Dusche weichten sie schön auf, man konnte Teile des eitrigen Schorfs abziehen und auf andere werfen, die beim Wegrennen in der Dusche versuchten, nicht auszurutschen. Das gelang nicht immer. Aber wer eine Wunde hatte, gehörte dazu.

Ich gehörte trotz Wunden nicht dazu. Über Fouls regte ich mich auf, vor allem wenn sie nicht geahndet wurden. Aber auch sonst. Vielleicht wegen der Asche, vielleicht aus Prinzip. Fouls waren doch untersagt? Die anderen sagten: Für dich ist eben die Technikerkrankenkasse zuständig. Sie lachten. Und meinten es ernst. Und traten.

In der A-Jugend waren die Tritte schon längst nicht mehr harmlos. Wenn sich einer mit Handschlag für ein Foul bei dir entschuldigte, mannhaft, trat er dir dabei mit den Stollen auf den Fuß und entschuldigte sich gleich noch einmal, ebenfalls mannhaft. So störte er am effektivsten deine nächste Ballannahme. Wenn der Ball am anderen Ende des Platzes war und niemand hinsah, schon gar nicht der Schiedsrichter, dann trat man den Gegner in die Wade und provozierte ihn mit einer gezischten Beleidigung, in der Hoffnung auf ein Revanchefoul beim nächsten Zweikampf vor aller Augen. Wenn man zum Kopfball hochging, schlug man dem anderen mit Hand oder besser mit dem Ellbogen ins Gesicht. Das sah immer wie ein Versehen aus. Genau wie im Fernsehen.

Einer, den ich drei- oder viermal ausgedribbelt hatte, verlor die Nerven und trat mir den Fuß um: mein erster Bänderriss. Der Notarzt kam mit Blaulicht auf die Aschenbahn. Es folgten sechs oder sieben weitere Bänderrisse in wenigen Jahren: Operationen, Krankenhausbetten mit festgebundenem Fuß und in der Nacht die Schwester, die die Pfanne bringt. Gipse, unter denen die Haut juckte. Schlimmer waren sogar Zinkleimverbände, unter die man mit keiner Stricknadel kam, sie stanken nach ein paar Tagen und juckten, dass man jede Droge genommen hätte, um sich zu betäuben. Eine Knochenabsplitterung, die nicht verheilen wollte, irrsinnige Kopfschmerzen vom wochenlangen Laufen und Treppensteigen mit Krücken, monatelange Physiotherapie, um das Gelenk wieder beweglich und den Kopf schmerzfrei zu machen. Zwei ganze Sommer zuhause im Liegestuhl mit hochgelegtem Bein.

Der nächste Unfall beim Schulsport, Fußball in der Halle. Wieder dribbelte ich zuviel und zu gut, mit meinem geringen Körpergewicht und der Kombinationsgabe konnte ich in der Halle meine Stärken am besten ausspielen. Ein stets vor Ehrgeiz platzender Mitschüler war dabei, Arztsohn, sein Vater hatte eine Unsumme für ein Einserabitur ausgesetzt, aber er war nicht nah dran. Und als Fußballer bekam er keinen Stich. Als ich wieder einmal an ihm vorbei war, senste er mich um. Ich fiel unglücklich, es fühlte sich an wie ein Sturz aus großer Höhe. Ich hörte nur, wie der Lehrer ihn erbost der Halle verwies. Als ich später unter der Dusche war, knackte es erschreckend im Genick, Schmerzen hatte ich aber erst am nächsten Morgen und viel weiter unten, ich konnte den Oberkörper nicht mehr gegen das Becken verdrehen.

In den folgenden Wochen renkte mich der Orthopäde mehrmals ein, bevor er es aufgab. Den Winter über konnte ich kaum in ein Auto einsteigen und kam noch schlechter wieder heraus. Der Orthopäde meinte, Fußball sei sowieso super: Da habe er immer was zu tun. Im Sommer wurde es besser, aber den Tritten wich ich nun aus. Gab Bälle verloren, spielte schlechter. Hatte keinen Spaß mehr daran. Verspielte Respekt.

Aber davon hatte ich eh nicht genug. Weil ich mit sechzehn am Sonntagmittag nach dem Spiel und vor dem Essen noch kein Bier trank, wurde ich belächelt. Ich sagte, dass ich vom Rest des Tages noch was haben wollte, und war der Außenseiter.

Unser Trainer, Hansi, schlief von Samstag auf Sonntag oft auf dem Parkplatz, in seinem Manta. Hansi war klein und ungebildet, er war arbeitslos und ein sehr guter Trainer. Er trank viel und fuhr niemals besoffen, wie alle gern betonten. Lieber parkte er seinen Manta, den zu verkaufen er sich trotz Geldmangel weigerte, hinter der Turnhalle, klappte die Lehne vom Fahrersitz runter, ließ den Motor im Stand und die Heizung auf der niedrigsten Stufe laufen. Das Fenster stand genau wie sein Mund einen Spalt offen, wenn wir mit umgehängten Taschen auf unseren Bonanzarädern gegen acht oder neun zum Platz kamen.

Der Dünne, wie einer von uns hieß, klopfte dann an die Scheibe, denn der Dünne hatte den besten Draht zu Hansi. Hansi freute sich, uns zu sehen, und eine halbe Stunde später erklärte er die Taktik, die er dank genauer Kenntnis des Gegners akribisch ausgearbeitet hatte. Gegen den Lokalrivalen vertraute er mir trotz Zweikampfschwäche die Bewachung des Spielmachers an. Ich ging in dem Stadtteil, aus dem der Gegner kam, zur Schule. Er war Tabellenführer, ich kannte die meisten seiner Spieler gut und machte mein bestes Spiel. Wir holten ein sensationelles Unentschieden. Hansi lobte mich für meine Laufleistung, meine Disziplin und fünfzig Prozent gewonnener Zweikämpfe, für mich ein astronomischer Wert, da ich sie fast alle defensiv führen musste. Am Ende der Saison stiegen wir, auch dank dieses Punktes, als Zweiter auf.

Im Keller des Gemeindehauses, wo es Billard- und Kickertische gab, feierten wir. Hansi war betrunken, ich saß auf einem Stuhl und sah anderen beim Kickern zu, als er unvermittelt meinen Namen brüllte und mich von hinten umarmte. Seine Arme waren so dick wie meine Schenkel und dabei behaarter, er hatte einen Arm um meinen Hals gelegt und drückte – offensichtlich überwältigt von einem Sympathieanfall oder aus Idiotie, wer weiß das schon – zu. Ich bekam keine Luft mehr. Ich versuchte die Umklammerung zu lösen. Erfolglos. Die anderen schauten zu, ich bekam es mit der Angst zu tun, zappelte, schlug um mich. Der Stuhl fiel um, Hansi ließ nicht los. Erst als drei andere auf ihn sprangen und den Griff lösten, bekam ich wieder Luft.

»Du bist ganz blau im Gesicht«, sagte der Dünne. Ich lief in die Toilette, meine Lippen waren blau. Hansi entschuldigte sich, als ich zurückkam. Mancher schüttelte den Kopf. Ich biss die Tränen weg und das Geräusch, das aus meiner Kehle wollte. Hansi habe ich nie wieder in die Augen sehen können, glaube aber nicht, dass das außer ihm selbst jemandem auffiel.

In der folgenden Saison war ich wieder verletzt und sah die Jungs wochenlang nicht. Der Dünne brachte Hansi eines Abends zu Fuß nach Hause. Den Manta hatte er wohl doch verkaufen müssen, und allein sollte der Trainer die zwei Kilometer nicht gehen. Auf halber Strecke fiel er hin. Er schlug mit dem Kopf auf die Bordsteinkante, blutete und war bewusstlos. Der Dünne klingelte irgendwo und ließ einen Krankenwagen holen. Hansi wurde abtransportiert und starb, ohne noch einmal aufgewacht zu sein. Der Meister ist tot, stand in der Zeitung. Irgendwer erzählte, die Lebensversicherung zahle nicht, und der Präsident unseres Vereins drohte jedem mit Konsequenzen, der behauptete, Alkohol sei im Spiel gewesen.

»Es war kein Alkohol im Spiel«, sagte er streng und fixierte uns nacheinander scharf.

An eine Freundin von Hansi kann ich mich nicht erinnern.

ZUR SELBEN ZEIT hatte sich an meiner Schule ein Mädchenteam gebildet, das Fußball spielte. Längst nicht alle, aber manche der Spielerinnen trugen Frauenzeichen als Anstecker an ihren Jacken, einige als Kettenanhänger um den Hals, einige hatten den Schnipp-Schnapp-Button mit dem gekappten Penis an ihren Handtaschen oder Latzhosenträgern oder Strickjacken. Ihre Fußballschuhe steckten in Jute-statt-Plastik-Tüten.

Was die Mädchen am und mit dem Ball konnten war lächerlich. Sie konnten den Lauf eines flachen Balles auch dann nicht berechnen, wenn er langsam war, und verfehlten die leichtesten Anspiele. Wenn sie den Ball nicht verfehlten, dann sprang er ans Knie oder ans Schienbein und von da unkontrolliert weg. Oder sie koordinierten Ballstoppen und Laufen nicht ausreichend und fielen halb hin. Natürlich konnten sie auch nicht so fallen, dass es normal aussah. Sie taten sich weh, wenn sie fielen. Was ihre Mit- oder Gegenspielerin als Nächstes machen würde, ahnte keine von ihnen je. Sie ruderten mit den Armen, und es sah behindert aus. Ich fragte mich, wie es sein konnte, dass ein Mensch mit siebzehn Jahren nicht in der Lage war, die Ankunft eines langsam auf ihn zurollenden Balles einigermaßen zu berechnen und seinen Fuß entsprechend hinzustellen, damit der Ball an ihm liegen blieb.

Am Rand standen die Eltern dieser Mädchen in Paaren und applaudierten mit einer Begeisterung, die ich nie bei einem Vater oder gar einer Mutter gesehen hatte, wenn einer von uns Jungs einen Freistoß über die Mauer in den Winkel geschossen, einen Elfmeter gehalten, eine Streiterei geschlichtet oder trotz Erkältung eine herausragende mannschaftsdienliche Leistung im Spiel abgeliefert hatte. Einer aus unserer Mannschaft, Thomas, schoss eine ganze Saison lang Ecken direkt ins Tor. Das sprach sich in der Spielstaffel herum, aber nicht unter den Eltern. Sie redeten über die spielenden Mädchen. Jungs bekamen einen Klapps auf die Schulter oder beim Verlassen des Spielfeldes einen Schlag an den Hinterkopf.

Das ist nichts, worüber man sich aufgeregt hätte. Ich fand es nicht lustig, dass Mädchen davon träumten, uns die Schwänze abzuschneiden, aber ihre Wut leuchtete mir ein: Männer hatten sämtliche politischen Ämter inne, waren im Familienauto niemals Beifahrer, halfen nicht in der Küche und wollten, so hatten wir das gelernt, in die Körper der Frauen dringen, wo sie nur Unheil anrichteten. Das waren alles Ungeheuerlichkeiten, denen man besser aus dem Weg ging. Ratlos war ich nur bei der Frage, wieso sie nun so werden wollten wie wir. Sie wollten ein Spiel erlernen, in dem es darum ging, Schmerzen auszuhalten und den anderen von den Beinen zu holen. Diese Welt neideten sie uns? Oder würden sie den Fußball verändern?

Ich rückte in die Senioren auf, bekam einen neuen Trainer: Hans-Peter Miss. Er war sehr bekannt in unserer Stadt, hatte Bundesliga gespielt und in einem Punktspiel bei einem Kopfballduell einen Schädelbasisbruch erlitten. Ein Hubschrauber holte ihn damals vom Platz, wochenlang lag er im Koma. Wenn er bei uns im Trainingsspiel eine Flanke bekam, stieg er hoch, jeder bewunderte sein perfektes Timing, und im letzten Moment zog er den Kopf weg. Genau wie ich köpfte er nie.

Hans-Peter Miss hatte ein gutes Auge für jeden von uns. Er wusste schon, dass die Erfahrung eine Niederlage ist und man auf seinen Körper besser achtgibt. Miss wusste auch von meinem Asthma. Er hatte es einfach gehört, als er neben mir lief. So einfach, das lernte ich von ihm, konnte das sein. Einmal sagte er, das Wetter sei doch heute sicher gut für mich. Es war sehr trocken, und ich nickte. Er wusste auch, dass ich nie Schmerzen markierte, dass sie immer echt waren. Er schätzte meine Vorzüge und wollte mich beim Bekämpfen der Schwächen unterstützen. Nach zwei Jahren ging er zu einem anderen Verein, es kam irgendein Brüllhannes, ich verletzte mich wieder und hörte nach erstaunlich langem Zögern mit dem Fußball für die nächsten fünfundzwanzig Jahre auf.

DER ZUR FEIER seiner selbst ritualisierte Leistungsdruck auf den Jungen und später den Mann ist natürlich nie ohne Funktion und Mehrwert für die Gemeinschaft gewesen. Kurios mutet es daher an, wenn der Druck nicht mehr erkannt wird und endkurios, geradezu hochkomisch wird es, wenn seine Folgen nicht geschätzt, die Leistungen, ob sie nun historisch oder aktuell sind, nicht eingeräumt werden. Die SPD meinte einmal und tut es in Teilen tatsächlich noch immer, man müsse, um eine menschliche Gesellschaft zu erreichen, die männliche überwinden.

Diese Rhetorik tut einerseits, als ob es Maggie Thatcher, Condoleeza Rice und Lynndie England nie gegeben hätte. Vor allem macht sie aber etwas noch viel Schädlicheres: Sie streicht mit einer Hand allen Fortschritt vom Tisch, indem sie so tut, als ob es zum Beispiel keinen Michael Faraday gegeben hätte. Im Keller der Londoner Royal Institution verbrachte er sein Leben damit, auf der Suche nach einer Quelle der Elektrizität seine Gesundheit zu ruinieren. Patente anzumelden war unter seiner Würde. Als der Premierminister kam und fragte, wozu der Strom gut sei, sagte er, das wisse er nicht, aber die Regierung würde ihn vermutlich bald besteuern. Niemals hätte Faraday sich als Held, als Revolutionär oder Befreier beklatschen lassen, obwohl er alles das gewesen ist. Seine Kollegen waren zwar nicht immer so bescheiden. Sie kamen auch nicht oft aus solcher Armut wie Faraday, aber sie alle haben sich mit ganzer Person und Persönlichkeit für den Fortschritt eingesetzt und den eigenen Körper dabei nicht verschont.

Lang, sehr lang ist die Liste der Selbstversuche. Zu Zeiten Galvanis war es schick, sich Strom an die empfindlichsten Körperteile zu legen, um dem Lebensprinzip auf die Spur zu kommen: Augen, Zunge, Ohren. Mancher ruinierte sich dabei wie Johann Wilhelm Ritter, dem eigentlich vor Alessandro Volta die Ehre der Entdeckung des Spannungsgesetzes gebührt. Ritter starb mit nur dreiunddreißig Jahren infolge der selbst zugefügten Verletzungen und ist damit der bis heute gültige Prototyp Mann.

Es gab auch spektakulär erfolgreiche Versuche wie Edward Jenners absichtliche Infizierung mit Kuhpocken. Sie erbrachte den Beweis, dass diese Krankheit gegen die echten, häufigen und fast immer todbringenden Pocken immunisierte. Der erste Impfstoff war gefunden, und wer Jenner, Ritter oder Faraday statt Altruismus bloß die Gier nach Ruhm, mithin also Selbstsucht und Machtgelüste, unterstellen will, soll das mit sich selbst ausmachen. Mehr versteht zum Beispiel Hermann von Helmholtz davon: Kurz nach seinem siebzigsten Geburtstag schrieb er an seinen Freund Karl Ludwig: »Abgesehen von allen Fragen der Eitelkeit ist es schließlich für unsereinen, der sein Leben lang schwer gearbeitet hat, auch eine berechtigte Frage: Ist das, was du geleistet, nützlich und schätzenswert? Und diese können nur die anderen beantworten, die davon Nutzen und Vorteil haben.«

Der Wunsch nach Anerkennung spricht hier aus einem der verdientesten Wissenschaftler des 19. Jahrhunderts. Er weiß, dass andere darüber entscheiden. Der Wahn der Selbstverwirklichung ist noch weit.

Beinahe die gesamte frühe Wissenschaft ist von Männern gemacht worden. Sie ist mit maskulinen Mitteln wie Verachtung von Gefahren und Zweifeln, mit Mut, Wagemut, bisweilen Übermut und jeder Menge Neugier gemacht worden. Es ging diesen Männern um Eroberungen. Es ging ihnen darum, der Natur Kenntnisse abzuringen und mit ihnen das Zivilisationsprojekt namens Moderne anzutreiben. Erst die einigermaßen zuverlässige Verlängerung des einzelnen Lebens über dreißig Jahre hinaus hat jene Wertschätzung erzeugt, die seiner Verschwendung ein Ende setzte. Wer nicht davon ausgeht, eher früher als später sowieso im Krieg zu sterben, an Pocken, an einer mit Schnupfen beginnenden Schwächung des Immunsystems, die zur Lungenentzündung führt, mit eiternden Zähnen weitermacht und einer folgenden Blutvergiftung, ... wer stattdessen davon ausgeht, die Siebzig zu erreichen, entwickelt andere Szenarien für seinen Abgang und für das, was davor noch sein soll. Der lebt anders. Der fordert den Nebenbuhler nicht gleich zum Duell.

Einst ging man ins Theater, um sich beim Verbrennen von lebenden Katzen und Hunden erhaben zu fühlen, und noch Ende des 19. Jahrhunderts tötete Thomas Alva Edison diese Tiere zu Hunderten, um den Wechselstrom seines Konkurrenten Nicola Tesla als gefährlich zu diskreditieren. Bekanntlich machte er vor dem elektrischen Stuhl nicht Halt, aber heute ist eine solche Werbekampagne nicht mehr denkbar. Es gibt nicht nur radikale Tierschützer in großer Zahl, die Empörung ist schon groß, wenn Fußballfans randalieren oder Jugendliche sich prügeln wollen und niemand dazwischengeht. Stierkampf und Todesurteil sind, wo es sie noch gibt, unter Druck und auf dem Rückzug. Städte oder Stadtteile wie das East Village Manhattans, das vor zwanzig Jahren noch gefährlich war, ist heute, wie Haidhausen oder Prenzlauer Berg, ein Gegenstand der Immobilienspekulanten. Da man überall hören kann, wir lebten in einer aggressiven, weil männlich dominierten Welt, muss man es einmal klar aussprechen, welch ein Unfug das ist: Wir leben in einer stetig friedvolleren Welt mit stetig abnehmender Gewaltbereitschaft. Die Wahrscheinlichkeit eines frühen Todes zu sterben, wird täglich kleiner. Die Wahrscheinlichkeit eines sogenannten natürlichen Todes nimmt wie die eines gewaltsamen Todes ab. Die Lebenserwartung steigt seit sehr Langem um drei Monate pro Jahr. Das ist in der doch so männlichen Gesellschaft möglich, die angeblich überwunden werden muss, um menschlich zu werden.

Der Mann ist beschäftigt gewesen mit den großen Fragen: wie man eine explosionsartig wachsende Weltbevölkerung noch ernähren, wie man einen stabileren Staat organisieren, wie man Epidemien einhegen und Kriege verhindern kann. Seine Antworten sollten den Menschen aus dem Elend führen, und sie taten das auch. Eine schier unglaubliche Erfolgsgeschichte liegt hinter und wahrscheinlich auch vor uns. Kein Evolutionstheoretiker wird Einspruch erheben, wenn man behauptet, der Forscher folgt dabei dem Erhaltungstrieb, der zur Zeit gern als genuin weiblich begriffen wird. Der Mann ist jedoch nicht dafür gemacht, nichts zu tun, nichts zu denken und nichts zu wollen, wenn der Blitz einschlägt. So eroberte er Feld für Feld für die Wissenschaft, und momentan gehört zum Spannendsten überhaupt die Konfliktforschung. Mit statistischer Gesellschaftsanalyse gehen wir bald gegen politische Spannungen an, bevor sie überhaupt entstehen. Wir werden sie so bekämpfen, wie wir Epidemien bekämpfen. Zunehmend erfolgreich.

Es waren zweifellos Männer, die mit ihren Forschungen das Elend überwanden, die Unbehaustheit. Es waren Männer, die Befriedung und Befreiung ermöglichten. Aber »einst hochgelobte männliche Eigenschaften wie Leistungswille, Disziplin und Autonomie«, schreibt der Soziologe Walter Hollstein, »sind umgedeutet worden zu Karrierismus, Zwanghaftigkeit und Beziehungsunfähigkeit«. Und dieser Tage sagte ein Handwerker, der bei uns etwas zu reparieren hatte, zu mir: »Jetzt sollen mal die Frauen oder die Kinder ein paar Jahrhunderte regieren. Wir Männer hatten unsere Chance und haben sie nicht genutzt.«

MAN KÖNNTE AN dieser Stelle wieder einmal daran erinnern, dass es vor allem Frauen waren, die Hitler gewählt haben, und dass er als Erstes die Wissenschaft missbrauchte. Man kann aber auch darauf hinweisen, dass die männlichen Wissenschaftler sie nicht zu verteidigen wussten. Man stelle sich vor, sie hätten sich gegen Rassentheorie und sowjetischen Marxismus wehren können. Weil die Wissenschaft frei sein muss, verlor sie solche Aufgaben aus den Augen, und noch heute ist es leicht, im Bundestag Witze über Professoren zu reißen, die immer auf der angeblichen Weltfremdheit der Akademiker beruhen.

Schade, denn wäre das kalte analytische Denken weiter verbreitet, dann hielten sich Sätze wie jener von der männlichen und daher nicht menschlichen Gesellschaft nicht so problemlos am Leben. Es gibt davon so viele, man denke nur an die jahrzehntelang aufrechterhaltene Behauptung, Atomkraft sei preiswert, oder an den Glauben, das Eigeninteresse sei die beste Grundlage zur Organisation des Gemeinwohls: Zwei Annahmen, die jüngst umso jäher in die Wahrheit stürzten.

Wie die Misandrie haben auch diese Irrtümer ihre Vorgeschichten, und ihr Unsinn wurde erst offenbar, als diese Vorgeschichten in Vergessenheit gerieten. Die Angst vor dem Energiemangel ist zum Beispiel der industriellen Revolution im 19. Jahrhundert geschuldet, in der sich große Grubenunglücke mit Hungersnöten abwechselten und schlechte Behausung Krankheiten begünstigte. Seit der Erfindung der Dampfmaschine träumte man von einfacher, billiger Energie, die den Menschen von der Plackerei und der Kälte befreit. Und damit nicht genug: Seit Galvanis Entdeckung der Elektrizität in Froschschenkeln, seit den Versuchen seines Neffen Aldini, Tote mit Stromschlägen zum Leben zu erwecken, hatte die Elektrizität den Ruf des Lebensretters. Franz Anton Mesmer heilte mit Magneten. Aus Magneten wiederum holte Faraday Strom. Andrew Crosse hatte mit Strom Insekten scheinbar aus dem Nichts gezüchtet. Wer keinen Strom hatte, so brannte es sich über Generationen ins Bewusstsein, der hatte gar nichts. Der war tot. Erst jetzt lernen wir, dass die Hochrechnungen für den Energiebedarf genauso maßlos übertrieben waren, wie die Hoffnung, man müsse nur den Muskel finden, der die Atmung betätigt, und hätte dann das ewige Leben: Schließlich erfindet endlich jemand eine vernünftige elektrische Lampe, und schon brauchen wir nur noch ein Zehntel an Strom, um beruhigt, weil beleuchtet, in den Winterabend zu gehen.

Nicht anders war die Überbewertung des Eigeninteresses zu verstehen, nachdem es jahrzehntelang von der Utopie des Sozialismus diskreditiert worden war. Man musste es wieder stark machen, und machte es prompt zu stark. Es kommt eben immer auf den Punkt an, an dem man sich in der Hysteresekurve befindet. Ihn zu erkennen scheint es kein Werkzeug zu geben und kein Organ, denn jeder sieht immer nur einen Ausschnitt aus dem Ganzen. Der Mensch besitzt darüber hinaus die Fähigkeit zum Ausblenden. Deshalb gibt es nur Meinung, die dem momentanen Interesse folgt. Oder, mit Habermas gesagt: Erkenntnis ist ein Instrument der Selbsterhaltung. So kann man auch das Experiment der relativen Wahrnehmung verstehen, das man in der Mittelstufe durchführt: Der Lehrer stellt drei Schalen mit Wasser auf den Tisch. Eine ist warm, eine lau, die dritte kalt. Man taucht zuerst jeweils eine Hand in warm und kalt, und nach einer Minute beide Hände in die in der Mitte stehende Schale mit lauwarmem Wasser. Nun meldet die eine Hand, das Wasser sei warm, die andere hält es für kalt.

Die Aussage meines Handwerkers über die gescheiterte Herrschaft der Männer, die Verirrung der SPD, die zwischen Mann und Mensch unterscheidet, sind Überziehungen des Schuldeingeständnisses, der Frau nicht genügend, geschweige denn volle Partizipation eingeräumt zu haben. Das galt wie in der Politik auch in der Forschung, und nicht zufällig ist Ada Lovelace eine Ikone des Feminismus.

1815 WURDE LOVELACE als einzige Tochter von Anne Isabella Milbanke und Lord Byron geboren, also mitten hinein in das England der zu neuen Zeiten aufbrechenden Wissenschaften. Sie sollte ein maskulines Leben führen, und schon ihre Eltern spielten quasi verkehrte Rollen: der Vater romantischer Dichter mit heftigem Zug zum emotionalen Ausbruch und persönlichen Drama, die Mutter stark an Mathematik interessiert. Man sagte Anne Milbanke nach, besonders herrisch und berechnend zu sein. Mit neunzehn Jahren traf Ada Lovelace auf Mary Somerville, die als Mathematikerin und vor allem als Wissenschaftsautorin bekannt war. Beide Frauen hatten keinen Zugang zu den Bibliotheken und waren auf ihre Männer angewiesen, die als zahlungskräftige Mitglieder der Royal Society Kopisten schickten, um die neuesten Artikel abschreiben zu lassen.

Mary Somerville wurde für das Lösen diophantischer Gleichungen geehrt und war neben der Übersetzung von Laplaces *Mécanique Céleste* auch für Untersuchungen des Lichts bekannt. Die *London Post* bezeichnete sie bei ihrem Tode 1872 als Königin der Wissenschaft des 19. Jahrhunderts. Dennoch schrieb sie in ihrer Autobiografie: »Mir war bewusst, dass ich selbst nie eine Entdeckung gemacht hatte, dass ich keine Originalität besaß. Ich besitze Ausdauer und Intelligenz, aber kein Genie ... jener Funke des Himmels bleibt (meinem) Geschlecht versagt, wir entstammen der Erde und bleiben ihr verhaftet. Ob uns in einem anderen Dasein höhere Kräfte verliehen werden, weiß Gott allein. In dieser Welt jedenfalls besteht für uns keine Hoffnung auf das originelle Genie der Wissenschaft.«

Was hier noch einmal die Prägungen der frühen Moderne einfängt, relativiert sich zwar heute an der Meinung mancher Hirnphysiologen, die Genie als Hirnleistungsstörung verstehen, welche das Denken auf Umwegen erzwingt und Querdenken so zum Normalfall macht. Dennoch muss man sich einen neuen Gedanken erst einmal zutrauen, um zum Entdecker zu werden. Man muss ihn dann reifen lassen und formulieren und durchsetzen können. Ada Lovelace hatte aber ähnliche Vorstellungen von sich wie Mary Somerville. Zum Glück lernte sie dann Charles Babbage kennen. Er hatte den Lukasischen Lehrstuhl für Mathematik inne, auf dem vor ihm Isaac Newton und zuletzt Stephen Hawking saß. Als Mathematiker ist Babbage daran gewöhnt gewesen, Dinge vorurteilsfrei anzusehen. Ada Lovelace übersetzte eine Schrift von Luigi Menabrea, die sich mit der Analytischen Maschine von Babbage beschäftigte und auf Französisch verfasst worden war. Babbage schlug danach vor, sie solle der Abhandlung eigene Erläuterungen hinzufügen. Darauf war sie selbst überhaupt nicht gekommen.

Die Analytische Maschine hatte Babbage zunächst für die Berechnung von Sterbetafeln entwickelt, die die Lebensversicherungen brauchten. Mit Lochkarten, wie sie zur Steuerung von Webstühlen eingesetzt wurden, wollte er eine universelle Rechenmaschine bauen. Sie sollte können, was ein Mensch nicht kann: fehlerfrei rechnen. Mit den Lochkarten kam zum ersten Mal die Methode zum Tragen, einen Arbeitsgang der mechanischen Maschine vom Ergebnis des vorhergehenden abhängig zu machen. Uns heute als Trennung von Soft- und Hardware vertraut, war es dem damaligen Denken sehr fremd, eine Maschine anzuschalten und nicht zu wissen, was diese dann tun würde. Das sah wie ein Eigenleben der Maschine aus, was eine Ablehnung verursachte, die bis in die Gegenwart reicht.

Ada Lovelace hatte mit solchen Vorurteilen nichts zu tun, und Babbage schlug nicht etwa einen Text vor, der sich um die Vermittlung von neuen Erkenntnissen mühte, wie das bei den meisten Texten anderer Frauen war. Jane Marcet oder

Mary Somerville bereiteten vor allem Erkenntnisse, die von Männern gemacht worden waren, für Frauen und andere Laien auf. Von Ada Lovelace wollte Babbage aber einen originären Beitrag, der in einer wissenschaftlichen Zeitschrift erscheinen sollte.

Sie schrieb diese Abhandlung. Sie ist drei Mal so lang wie Menabreas Text und entwickelt Strukturen, die noch heute als Prozedur, Schleife und Sprung bekannt sind. Ada Lovelace gilt daher als erste Programmiererin, um nicht zu sagen: als erster Programmierer. Es werden immer wieder Romane über sie geschrieben und Programmiersprachen nach ihr benannt. Konrad Zuse, der in Kreuzberg einst den ersten Computer baute, widmete Lovelace sein Werk. An der Wissenschaft schätzte sie ihre Objektivität: »Wenn ich unter Bedingungen lebte«, schrieb sie, »die es mir erlaubten, über mich selbst oder meine Empfindungen nachzudenken, wäre das eine sehr unergiebige Angelegenheit. Glücklicherweise werde ich von meiner jetzigen Beschäftigung ordentlich mitgerissen. Sie lässt mir wenig Gelegenheit zur Selbstbetrachtung und gibt mir zudem Gründe, mir vorerst zu wünschen, mein Leben auf dieser Welt noch viele Jahre nicht nur fortzusetzen, sondern aktiv und wirksam weiter zu gestalten.«

Lovelace war somit nicht nur in der Automation des stupiden Rechnens ihrer Zeit um hundertfünfzig Jahre voraus, sondern auch in der Adaption der maskulinen Methode, sich durch das Funktionieren in der Arbeit selbst loszuwerden. Dazu gehört auch die Ausschließlichkeit, denn ihre drei Kinder empfand sie meist als Belastung. Als Ada Lovelace an Krebs erkrankte, informierte der Arzt aber nur ihren Mann. Beide entschieden dann, ihr so lange wie möglich nichts zu sagen. Auf dem Sterbebett gestand sie William King, dem Earl of Lovelace, offenbar den Ehebruch und wurde dafür noch auf der Stelle von ihm verstoßen. Es ist nicht überliefert, dass sie glücklich oder nur zufrieden mit ihrer Forschungsleistung aus dem Leben schied, wie es Faraday möglich gewesen war.

Fünfzehn Jahre später, 1867, wurde dann Marie Curie in Warschau geboren. Sie sollte ein für alle Mal beweisen, dass Frauen in der Forschung den Männern in nichts nachstehen, wenn man sie denn lässt. Bis die ersten weiblichen Mitglieder in die Royal Society, die honorigste wissenschaftliche Gesellschaft Londons und vielleicht der Welt, aufgenommen wurden, dauerte es allerdings noch sehr lange: Das geschah im März 1945.

HEUTE SIND PROFESSORINNEN jedem geläufig. Im Fußball schlossen die Frauen die Lücke zu den Männern übrigens in diesen Tagen näherungsweise. Allerdings nicht nur zum Vorteil aller, wie ich finde. Noch vor zehn Jahren sah ich mir gern Frauenfußball an. Die Damen waren technisch ganz gut geworden, und sie foulten kaum. Deshalb konnte man bei ihnen Spielzüge sehen, komplizierte Angriffe, bei denen man die Spielmöglichkeiten verfolgen konnte und die spät gestoppt wurden. Es gab lange Bälle, die erreicht wurden oder auch nicht. Aber wenn sie nicht erreicht wurden, dann weil der Pass ungenau war oder das Laufduell verloren wurde. Nicht wegen des Fouls, das die Männer taktisches Foul nennen: Umtreten des Gegners zur Vermeidung eines spieldynamischen Nachteils. Bei den Männern muss ich das meiste, das ich unter Fußball verstehe, imaginieren, weil die Spielzüge gar nicht zustande kommen.

Die Frauen waren da anfangs besser beraten. Statt zu treten, ließen sie das eigentliche Spiel laufen. Aber bis zur Weltmeisterschaft 2011 hatte sich das gründlich geändert. Jetzt sind die Frauen schon fast in der Männerwelt angekommen. Sie konnten nicht nur spieldynamisch und balltechnisch weiter aufschließen, auch wenn im DFB gern gesagt wird, sie würden von jeder B-Jugend geschlagen. Vor allem wird in den Spielen jetzt genauso gefoult und getreten, provoziert und gezankt, wie man es von den Männern gewohnt ist. Man konnte auffahrende Gesten sehen, und ich wartete vor dem Bildschirm auf die erste Schlägerei. Die bekam ich zwar nicht zu sehen. Aber schließlich gab es eine rote Karte, weil eine Spielerin ihrer Gegnerin mit den Stollen in den Brustkorb trat, während beide am Boden lagen.

Aufgeregt hat das niemanden. Dafür gab es ein Millionenpublikum. Dazu kann man schon gratulieren. Jetzt können auch die Frauen mehr Geld mit ihrem Sport verdienen. Dagegen ist nichts zu sagen. Sie haben jetzt Männer wie den Nationaltorhüter Manuel Neuer vor Augen, der kurz vor der Weltmeisterschaft der Frauen im Spiel seines Schalke 04 gegen Manchester United der Gewinner des Tages war, obwohl das Halbfinale der Champions League verloren ging. Neuer hatte sensationell gehalten. In den Berichten wurde vor Millionen Zuschauern seine Ablösesumme, die Bayern München, oder wer immer ihn bekommen würde, zu zahlen hatte, mit jeder Parade höher taxiert. In diesem Verwertungszusammenhang, den kein Mensch unnormal findet, ist nie von der Gefahr die Rede, der sich Torhüter mittlerweile in jedem Spiel aussetzen. Sie entsteht durch die akribische Aufzeichnung aller Spielsituationen durch Funktionäre und Investoren und die direkte Umrechnung jeden Tores in Werbeeinnahmen.

Denn das gilt natürlich genauso für die nicht geschossenen Tore: Der Stürmer, der in einem solchen Spiel eine Chance auslässt, wird hinterher dafür die Rechnung bekommen, die er schon im selben Moment im Kopf überschlagsweise anstellt. Deshalb riskiert er, statt den Ball mit hundert Stundenkilometern Richtung Tor zu bewegen, den Kopf des Keepers zu treffen. Tormänner von Bernd Trautmann bis Petr Cech können davon ein Lied singen. Ihr Job ist der Tiefflug gegen Knie und Füße. Er ist lebensgefährlich. Trautmann brach sich im Spiel den Halswirbel, er spielte das FA Cup Finale in Wembley zu Ende und nahm den Pokal mit irre abgeknicktem Hals entgegen. Das war 1956. Erst vor Kurzem wurde er von der Fußballakademie geehrt, wobei man diese lange zurückliegende Heldentat voller Hochachtung erinnerte.

Petr Cech erlitt einen Schädelbasisbruch und spielt heute mit einem Schutzhelm. Er fordert die Schiedsrichter auf, früher abzupfeifen, aber kein Feldspieler, dem sein Vertrag etwas bedeutet, zieht den Fuß weg oder bremst den Lauf ab. Der Zusammenprall ist Schicksal. Auch im Kopfballduell wird kein Risiko umgangen. Seit dem Unfall von Hans-Peter Miss hat sich der Sport nicht zivilisiert, ganz im Gegenteil. Es ist eigenartig, dass sich hier in der Männerwelt nichts bewegt: Sie ist und bleibt eine Scheibe.

Noch viel eigenartiger war jedoch der große Aufreger unter Intellektuellen zur Weltmeisterschaft der Frauen 2011: Nicht etwa die rote Karte wegen Tretens in den Brustkorb der Gegnerin wurde diskutiert. Das wäre zwar interessant gewesen, weil man dann erfreut darauf hätte hinweisen können, dass Frauen auch ganz harte Kerle sein können, oder enttäuscht daran erinnern, dass Frauen doch in Männerrollen eigentlich alles besser hatten machen wollen. Stattdessen sah man nur, dass Frauen, wenn sie unter denselben Leistungsdruck gebracht werden, gerne auch dasselbe Verhalten an den Tag legen. Ob es nun die Entwicklung einer Programmiersprache unter Vernachlässigung der Kinder ist oder die Entdeckung der aggressiven Grobschlächtigkeit auf dem Platz.

Nein, der Aufreger war eine ganz andere Freiheit, die sich einige Nationalspielerinnen genommen haben. Sie haben sich für den *Playboy* ausgezogen. Halb jedenfalls. Was Mario Gomez auf dem Spielfeld kurz zuvor eine gelbe Karte einbrachte, das Herzeigen eines schönen Oberkörpers, sorgt laut Kulturkritik im Falle der entblößten Frauen zwar heute erstmal für Respekt, ist aber nur scheinbar autonom. Tatsächlich hielten die Spielerinnen doch nur das klassische Bild weiblicher Verfügbarkeit lebendig. Diese verursache einen ikonographischen Schaden beim Betrachter, von dem die weibliche Würde betroffen sei. Sogar die alte Ordnung mit den eindeutig frauenfeindlichen Schmuddelbildern, also jene Zeiten, in denen das Anschauen von Pinup-girls noch verdammt wurde, hätten dagegen ihre Vorzüge.

Auch in der Logik dieser Kritik will man also nicht den Schritt in eine Zukunft gehen, in der man von der bequemen Unterlegenheit der Frau lässt. Dabei erzählen Titelbild des *Playboys* und jene Fotos im Innern des Heftes genau vom Gegenteil der Verfügbarkeit. Schließlich kann kein Käufer des Magazins eine der gezielt aufgerufenen Phantasien real erleben. Er hat nicht einmal die Chance, einer der Frauen je zu begegnen und ein paar Worte über Fußball mit ihr zu sprechen. Oder über das Wetter. Er kann das auch nicht mit anderen Damen, die die Kriterien erfüllen, welche die

Fußballerinnen in das Heft gebracht haben. Deswegen kauft er es sich ja und gibt sich mit ihm zufrieden. Das Kriterium, das diese fünf Frauen ins Magazin hievte, ist nicht ihre etwaige Schönheit, die zum Teil denn auch nur mäßig war, sondern ihre Zugehörigkeit zur Fußballnationalmannschaft. Unerreichbarer kann man für den durchschnittlichen deutschen Mann gar nicht sein. Er muss sich beim Betrachten der Fotos nun nicht nur mit der Unerreichbarkeit der erotisch fotografierten Damen und der Unerreichbarkeit der weiblichen Attraktivität abfinden, die mit der Zurschaustellung dokumentiert wird, sondern auch noch mit seinem eigenen geplatzten Traum vom Leben als Fußballstar. Den träumt jeder zweite Junge bis zum Alter von fünfzehn Jahren und vergisst ihn danach nicht. Die Fotos sind deshalb Symbole der mehrfachen klassischen Unverfügbarkeit. Sie sind marktfähig durch ihr raffiniertes Ausschlussverfahren. Falls es sich nicht einfach um ein wenig Freiheit und Normalität handelt, wird hier das schauende Auge ausgebeutet, das für die negativen Gefühle auch noch zahlt.

Wir haben uns aber daran gewöhnt, in jedwedem Zusammenhang die Frau als Opfer zu sehen und den Mann als Täter. Die Unterlegenheit der Frau, ihre Schwäche, auch jene, sich für die Fotos zur Verfügung zu stellen, ist im analytischen Apparat dieses pornografischen Feminismus nicht mehr nur ein durch Überbeleuchtung blind gewordener Fleck im Gehirn, der sich nicht abregen und daher nichts aufnehmen kann, sondern längst genetische Grundausstattung. Hardware. Ein anderer Gedanke mit potentiell anderem Ergebnis, schon jeder Versuch, vorsichtig überlegend an die Sache ranzugehen, sich zu fragen, was Männer und Frauen eigentlich zu jenen macht, die wir vor uns haben, erreicht gar keine Hirnstruktur mehr, die ihn abbilden könnte. Dass es immer die Frau ist, die wählt: keine Bagatelle. Sondern ein unter Strafe stehender Gedanke, der aus dem Wohlfühlfeminismus herausführen und in allerlei Komplikationen und sogar neue Verantwortungen münden würde.

Denn der Mann, der auf der Vertreterreise in seinem einsamen Zweisternehotelzimmer oder zwischen den Regalen des Zentralersatzteillagers eines großen Mähdrescherherstellers in seiner dritten Überstunde verschämt den so irre anstößigen *Playboy* aufschlägt und sich vom Nationaltrikot zum Teil entblößte Frauen auf Glanzpapier ansieht, meint nun, diese stünden nicht bald ordentlich angezogen vor Millionen auf dem Stadionrasen im nächsten Blitzlichtgewitter und Flutlicht, sondern tatsächlich zu seiner Verfügung! So wie er es von allen anderen Frauen des blauen Planeten ja auch seit jeher gewohnt ist. Keiner von ihnen hat schließlich schon jemals die Erfahrung gemacht, dass eine Frau nicht zu seiner Verfügung stand. Denn wo, bitte schön, sollte das denn passiert sein: Auf dem Schulhof oder in der Mensa, bei der Arbeit, auf dem Feuerwehrfest, im Sportstudio, beim Yoga, in einer Diskothek oder dem Foyer des Berliner Ensembles? Nie, niemals und nirgends, in keinem Film oder Roman, nicht im *Homo Faber*, nicht bei Ernest Hemingway oder Dschingis Aitmatow, nicht bei Jonathan Franzen oder Paul Nizon haben wir je eine Frau erlebt, die nicht verfügbar war, um beim Vokabular zu bleiben, auf das der Feminismus bis heute so viel Wert legt.

Eine Frau, die in ihrer erotischen Anziehungskraft badete und jeden zappeln ließ oder verhöhnte, vor den Kopf stieß und mit flach auf die Brust gelegter Hand wegschob, der es wagte, eine Offerte zu machen, das heißt: der sich mit

Haut und Haaren anbot? Nie gesehen, gelesen, gehört. Dass der Mann bis heute den Heiratsantrag zu machen hat? Dass die von Männern ach so dominierte Literatur vor unerreichbaren Frauen aus allen Regalen platzt? Führten Männer nicht seit jeher für sie Kriege, holten sie nicht den Mond auf die Erde und schlitzten sich Pulsadern auf, um den Liebesbeweis zu erbringen? Noch Charles Bronsons Schlussszene in *Spiel mir das Lied vom Tod* rekurriert auf nichts anderem als dem Männertraum, dass es einmal im Leben anders sei: In Sweetwater wieder auf dem Pferd sitzend, verabschiedet sich diese brillant gespielte Comicversion eines Helden von einer sehnsüchtigen Claudia Cardinale mit den kühlen, wahrlich unberührbaren Worten: »Einer wartet immer.« Nicht die Tötung seines ewigen Widersachers macht seinen Triumph total, sondern wie er nach diesem Satz davonreitet und keiner Frau bedürftig ist.

In der albernen, rückwärtsgewandten Fixierung auf die Frau als erotisches Objekt ist der Feminismus nichts als das uralte Spiel der Koketterie, das nur einen Gang höher gedreht wird: Es geht dabei statt um eine souveräne Begegnung mit dem anderen auf Augenhöhe nur um die fortgesetzte Selbsterhöhung der Frau durch Entzug.

Aber den Damen aus publizierender Intelligenz und bezahltem Fußball genügte es nicht, als vermeintlich Schwache den hach so starken Männern einen angeblich kaum wahrnehmbaren Widerstand des Glanzpapiers entgegenzusetzen, das die Männer, geil wie sie stets zu sein haben, von der Realität nicht unterscheiden können. Zusammen mit dem Team des *Playboys* setzten die Frauen noch eine finale Demütigung der Männer drauf, die das praktizierte Verhältnis der Geschlechter nicht transparenter hätte machen können: Zur

Steigerung ihres Marktwertes und Selbstwertgefühls wandten sie eine letzte Technik des Ausschlusses an, indem sie auf den Bildern offen mit homoerotischen Motiven spielten. Ihre in die Bilder gelesene oder aus ihr vielleicht gar herausschauende Lust bezieht sich also erstens nicht auf den Kunden, für den das Magazin produziert wird. Zweitens verheimlichen die deutschen Nationalspielerinnen ihre Homosexualität nicht, etwa die Hälfte der Mannschaft soll lesbisch sein. Das ist bekanntlich auch gut so. Die Homosexualität ihrer männlichen Kollegen bleibt jedoch das große Tabu: Schwule Fußballer gibt bis heute offiziell nicht.

Dieses Verbot, das die Nationalmannschaft der Männer vor Kurzem angeblich beinahe zerrissen hat, birgt den ganzen Mann. Was immer ihn und seine Sexualität angeht, darf nicht diskutiert und noch weniger bebildert werden. Ich frage mich, weshalb jene Männer, deren Phantasie durch die eigentlich langweiligen Fotos der halbnackten lesbischen Fußballerinnen angestachelt wird, Zorn erzeugen. Mich machen sie traurig, denn offenbar reagieren sie am stärksten auf Zurückweisung. Rousseau meinte zwar noch, der Starke müsse erst gereizt werden, um seine Leistung zu bringen, aber unter freien Menschen sollte das als paradoxes Verhalten gelten, weil der Freie auf Zuneigung reagiert.

In der Ideologie ist jedoch nichts als Verneinung. Der Ideologe will nichts annehmen und nichts erkennen. Zur Liebe ist er nicht fähig, aber trotz Sprachregelung ist er keineswegs immer ein Mann. Hier will die Ideologin zum Beispiel nicht wissen, dass der *Playboy* zusammen mit den Models den Mann meinungsbildend auf einen stupiden Busengucker reduziert, in dessen Leben ein solch dramatischer Mangel an körperlicher wie seelischer Zuwendung und

Akzeptanz herrscht, dass ihm die seit Jahrzehnten immer gleiche Retusche stets und auf ewig nicht nur ein paar lumpige Euro, sondern eben seine Aufmerksamkeit, seine Imagination und sein Stolz wert sind. So hat man wieder gezeigt, dass der Mann nicht liebenswert sein kann.

Funktionieren kann diese Abwertungsroutine natürlich nur im gesamtgesellschaftlichen Konsens, der sie immer schon getragen hat: Dass die so entehrte Zielgruppe nicht nur brav mitspielt, sondern sich auch noch rituell verhöhnen lässt, ist der fatale Konsens, der jede Entwicklung zwischen den Geschlechtern unmöglich macht und deshalb von Seiten der Männer gekündigt werden muss. Der benötigte Konflikt mit der sogenannten kritischen Umgebung wäre dann endlich da, denn den Frauen ist jedes Mittel recht, um an den geordneten Verhältnissen von Opfer und Täter, von passiv und aktiv festzuhalten. Deshalb zeigen sie mit Fingern auf die defensivsten aller Männer, auf jene, die ihre hilflos aufgeknöpften Hosen hinter den lackierten Seiten des aufgeschlagenen Magazins verstecken, und schreien: Das sind sie, die ewigen Aggressoren und Vergewaltiger!

WÄHREND SO UND nicht anders über die verletzte Integrität dieser verfügbaren Fußballerinnen und all ihrer noch verfügbareren Geschlechtsgenossinnen eine Debatte geführt wurde, trugen ihre Vorbilder Manuel Neuer und seine Kollegen weiter wöchentlich ihre Gesundheit zur Verwertung, ohne dass es einen Zuschauer, einen Kommentator oder einen Schiedsrichter gestört hätte. Auf Petr Cechs Forderung, früher abzupfeifen, wird nicht gehört. Auch nicht auf Jens Lehmann, der als passiven Schutz immer noch eine Helmpflicht forderte, obschon diese genau wie der von manchem Spieler zur Prävention gegen Kieferbruch benutzte Mundschutz die Gefahr der Eskalation birgt. Zuletzt wurde der für Stuttgart spielende Marc Ziegler nach einem Zusammenprall, bei dem das Knie eines Stürmers seinen Kopf traf, bewusstlos vom Feld getragen und ins Krankenhaus gefahren, damit seine Kollegen weiterspielen, die Zuschauer weiterschauen und die Werbekunden weitersenden konnten. Persönliche körperliche Integrität setzen die Männer auf dem Platz also in eklatant höherem Grad ein als die Frauen, die sich im Fotostudio gegenseitig Wasser über die Trikots schütten, dabei wie immer ganz bei sich bleiben und glauben, furchtbar aufregend, wenn nicht zur Gänze unwiderstehlich zu sein: Nicht dieses dämliche Posing im Magazin ist zu sexistisch, um akzeptiert zu werden, sondern die stete Verfügbarkeit der Männergesundheit, die das Paradigma der sexistischen, so eindeutig immer zuerst gegen den Mann gewandten Gesellschaft auf den Bildschirm bringt.

Wie weit der körperliche Einsatz des Mannes geht, zeigt auch die Aussage des sogenannten Gesundheitsökonomen Prof. Peter Oberender, der den Handel mit Organen und auch Lebendspenden befürwortet. Die größte Gruppe Menschen, die sich bei ihm meldet und eine Niere spenden will, sind Unternehmer, die mit den zu erwartenden dreißigtausend Euro versuchen, ihren Betrieb vor der Pleite zu bewahren.

Was den Fußball angeht, ist nur fraglich, ob er bei den Frauen wirklich ganz so werden muss, wie der der Männer schon immer gewesen ist. Falls man das möchte, dann ist es eine Frage der Zeit, bis die erste Torhüterin bewusstlos oder mit gebrochenem Schädel vom Platz getragen wird. Ist das dann die Gesellschaft, die wir haben wollten? Oder gibt es nicht genau jenem Recht, der immer schon, aus welchem Grund auch immer, gegen Frauenfußball war? Mit der einseitigen Aufgabe von femininen Leitbildern verlieren wir etwas, das für beide Seiten wertvoll gewesen ist, und Männer sollten sich auch hier mehr von Frauen abgucken, als diese sich von ihnen. Auf dem Fußballplatz brauchen beide eine scharfe Ahndung des Risikos, man muss viel früher abpfeifen und Rot zeigen. Dafür kann man das Ausziehen des Trikots nach dem Tor ruhig wieder zulassen, es ist unterhaltender und ästhetisch bildender als stollenbewehrte Füße, die ohne zu zögern, zu denken oder zu fühlen auch gegen Köpfe treten. Die Kerle sehen nackt schließlich ziemlich gut aus und auf jeden Fall besser, als sie es bewusstlos tun. Beim Aktfotografen hat der Mann eh ein Defizit, das abzubauen niemanden in körperliche Gefahr bringt, aber das sexuelle Selbstbewusstsein schulen kann.

WENN JEMAND BEHAUPTET, der Feminismus sei die folgenreichste soziale Bewegung des 20. Jahrhunderts, so wundert es nicht, dass es kein Mann ist. Der Antisexismus ist das Stiefkind der Moderne geblieben, das in der Besenkammer schläft. Der Mann hatte nicht nur in der Wissenschaft, sondern auch in der Politik noch andere Dinge im Blick. Zum Beispiel die Arbeiterbewegung. Mit gutem Grund: Zur Erinnerung lese man nur wieder einmal Friedrich Engels' Bericht über die Kinder, die auf dem Heimweg von der Kohlengrube im Straßengraben einschliefen, wo sie von ihren Eltern aufgehoben und nach Hause getragen wurden. Ihre Pubertät erreichten sie aus Erschöpfung oft erst mit sechzehn oder siebzehn oder wie in einem berichteten Fall mit neunzehn Jahren. Die Lebenserwartung im Londoner Stadtteil Bethnal Green betrug um 1850 ganze sechzehn Jahre. Im Sommer starben die Menschen inmitten ihrer Tiere, Abfälle, Fäkalien und den dazugehörenden Fliegen. Der Kampf gegen die Zustände war lang und reich an Fehlern, aber heute sind die Inhalte der Arbeiterbewegung Allgemeingut. Alle Parteien sind sozialdemokratisch: Ein Sieg über Gier und Ausblendung, den es täglich zu verteidigen gilt. Man könnte behaupten wollen, dass der Mann die ganze Zeit über die bessere Frau gewesen ist.

Asymmetrisch war die Sache aber von Anfang an: Freiheit, Gleichheit, Brüderlichkeit. Man kann nicht sagen, dass auch Frauen Brüder sind, dass sie automatisch mitgemeint waren. Sie waren nicht mitgemeint. Leider. Natürlich hätte man schon 1776 von Geschwisterlichkeit reden können und sollte das jetzt, über zweihundert Jahre später, in einer ungleich gerechteren Welt auch tun: Dann endet der Dreiklang mit einer sich rückwärts durch die Wortfolge steigernden Dissonanz. Geschwisterlichkeit beinhaltet den expliziten Unterschied, für den die Gleichheit gefordert wird. Wir sind beim Problem: Wie sind Ungleiche miteinander frei?

Frei macht nicht die Auflösung im anderen, im Größeren oder im Ganzen. Frei macht nicht die Gleichheit, das Eingeebnete. Gleichheit ist Zwang, soviel haben wir mittlerweile gelernt. Wer gleich sein muss, ist unfrei, und das erleben viele Frauen und Männer unmittelbar, wenn sie versuchen, die Unterschiede der Geschlechter wegzudiskutieren.

Mich macht frei, was nicht ist wie ich, denn dann muss ich nicht sein wie es. Vor allem, wenn ich es gar nicht kann. Ich kann dann eher sein, werden oder bleiben, wie ich bin. Das gleichberechtigte Gegengewicht macht frei. Wie bei den beiden auf der Wippe, von denen jeder seinen richtigen

Abstand zur Mitte suchen muss, damit ihre unterschiedlichen Gewichte in den Hebelkräften verloren gehen und beide sich in der Luft halten können. Und das Bekenntnis zum Unterschied öffnet auch gleich die Tür zur Anziehung, Eros ist nicht der Gott des Egalitären und Statischen.

In der Geschlechterdebatte aber ist jedes Rücken auf der Achse, die das Gleichgewicht tragen soll, unerwünscht. Jeder mögliche Satz ist schon vergiftet, bevor er gesagt wird. Jede Artikulation wird als potentielle Einschränkung verstanden, als Machtinteresse. Sie wird, weil die Fronten zu hart geworden sind, zu wenig auf ihren Gehalt an möglichem Fortschritt geprüft. Frauen hören die jahrhundertealte Bevormundung heraus, noch bevor der erste Satz zu Ende gesprochen ist, Männer erkennen immer erst den Ton der jahrzehntelangen Angriffe. Woher kommt eigentlich diese Empfindlichkeit, die uns ein konstruktives Gespräch, wie wir es aus anderen Bereichen der Politik vom Militarismus bis zur Atomkraft längst gewöhnt sind, ständig verdirbt?

Die Theorie des Wegwerfsomas von Tom Kirkwood geht davon aus, dass der Körper seine Energien zwischen Selbsterhaltung und Fortpflanzung möglichst ökonomisch aufteilt, wobei Ökonomie wie immer ein Ziel haben muss. Dieses Ziel ist nicht die Selbsterhaltung des individuellen Körpers. Er ist dazu da, das Soma so weit zu tragen, wie er kann. Hat er es geschafft, so stellt er sich selbst in den Hintergrund. Nun gilt die Energie den Nachkommen. Mit Geburt eines Kindes hat das Altern begonnen. Wenn man vom kleinen Tod spricht, wie die Franzosen es so schön tun, so handelt es sich also nicht um den flachen Witz, zu dem dieses Wort in der Moderne verkommen ist. Vielmehr ist es kein Wunder, dass wir auf alles, was Geschlecht und Sexualität angeht, so empfindlich reagieren. Nur ist es nicht gut, wenn dabei nichts herauskommt. Wir sollten ihr deshalb mehr Respekt entgegenbringen, der Sexualität. Was nicht mit tödlichem Ernst oder der Abwesenheit von ausgelassenem Spaß und fröhlicher Lockerheit zu verwechseln ist. Im Gegenteil.

ALS ICH VOR kurzem also erneut Vater wurde, nach fünfzehn Jahren zum zweiten Mal, wickelte ich unseren Sohn und trug ihn herum, soviel ich konnte. Nach einer Woche begann er zu lächeln. Nach einem Monat fing das mit der guten Laune an, wenn ich ihn morgens in die Küche mitnahm, damit meine Frau versuchen konnte, gegen ihr Schlafdefizit anzugehen. Er spiegelte meine Freude und freute sich auch einfach selbst, da zu sein. Wir hatten diesen haltlosen Spaß, den man sonst nicht hat und bei dem man sich wundert, wie man es ohne ihn ausgehalten hat. Wir lachten, blödelten, prusteten, bissen uns gegenseitig in die Finger und Ohren, schmusten.

Oft musste ich an meinen Vater denken und auch an manch anderen Mann seines Alters, von dem man sagte, erst mit den Enkeln taue er auf. Gemeint war ein Ausdruck der Freiheit, den man an älteren Männern schon immer entdecken konnte, wenn sie mit kleinen Kindern zusammen waren. Alle Last scheint dann und nur dann von ihnen zu fallen.

Unsere allmorgendlichen Verknalltheiten hielt mein zweiter Sohn immer ziemlich genau anderthalb Stunden durch, dann brauchte er die Brust, und ich legte ihn zurück zu seiner Mutter, meiner Frau. Das war in den ersten Monaten. In seinem zweiten Halbjahr gab es die ersten Abende ohne Mutter, weil sie wieder auf Vernissagen ging, sich mit einer Freundin traf oder, immer dienstags, im Chor sang. Erst ging das sehr gut, aber als er tagsüber eine oder zwei Stunden in der Kita war, wurde er abends schnell unruhig. Er wollte dann in jedes Zimmer sehen und suchte seine Mutter.

Ich lenkte ihn ab. Fütterte Brei, Milch, Bananen, Birnen und Melone. Wie ich das genoss! Das Füttern eines Kindes gehört zum Archaischsten überhaupt, zum Schönsten. Auch er genoss meine Aufmerksamkeit und Hingabe, die neben der Beziehung zur Mutter für ihn noch ein Gewinn war. Er probierte die verschiedenen Breis und sah aus wie ein alter Weinprüfer, der mit einer Kopfbewegung anderer Menschen jahrelange Arbeit verwirft. Schließlich räumte ich alle Schalen in die Spülmaschine, machte noch ein paar Späße und brachte ihn zum Einschlafen. Das ging gut, aber er wachte schnell wieder auf oder kroch halb schlafend im großen Bett an den Platz, an dem normalerweise meine Frau schläft. Im Halbschlaf jammerte er, irrte auf der Matratze herum und stieß mit dem Kopf an die Wand oder den Bettrahmen. Schließlich beruhigte er sich nur noch, wenn er vollen Körperkontakt hatte. Selbst neben mir zu liegen reichte nicht.

Ich nahm ihn wieder mit in die Wohnküche. Wir saßen dann im Sessel, ich weit nach unten gerutscht, damit er es bequem hat. Ich passte auf meine kaputte Bandscheibe auf und war froh, wenn irgendetwas halbwegs Interessantes im Fernsehen kam, das ihn nicht aufregte. Die Stimmen halfen ihm, und aufstehen, um ein Buch zu holen, war nicht drin. Ich hätte auch keine Hand frei gehabt, um es zu halten. Das machte gar nichts, denn ich genoss, wie er mir sein ganzes Körpergewicht gab, wie er mir und meinen Geräuschen vertraute, dem regelmäßigen Auf und Ab meines Atems. Dabei wartete er nur. Beim geringsten auffälligen Ton schreckte er auf und sah zur Tür. Seinen Kopf konnte er vor Müdigkeit kaum noch halten, die Augen bekam er nicht mehr richtig auf.

Schließlich hörte ich den Schlüssel im Hausflur klimpern und wie er ins Schloss fuhr. Seine Mutter stand da, meine Frau. Er richtete sich auf, sie lächelte und sagte: Na, ihr zwei. Er strahlte, zappelte vor Freude und wir alle waren glücklich. Auch meine Bandscheibe.

DER BESCHLUSS, DASS ich nach dem Wochenbett die erste Zeit möglichst gut nutze, und das hieß: möglichst viel arbeite, beruhte auch auf der Erkenntnis, dass es Dinge gibt, die man nicht ändern kann. Schließlich würde die Zeit knapper, wenn abgestillt wird und auch meine Frau wieder arbeitet. Es fiel mir morgens aber sehr schwer, die beiden zu verlassen und ins Büro zu fahren. Aber dann war ich auch froh um die Arbeit, darum, an meinem Platz zu sein. Meine Post zu machen, Artikel zu lesen, selbst welche zu schreiben, mich in das Buch einzufühlen, das ich schrieb, und damit vorwärtszukommen.

Spätestens um fünf am Nachmittag flammte die Lust wieder auf, nach Hause zu fahren und bei ihnen zu sein. Obwohl ich meinen Beruf zum Glück liebe, war nichts zu machen. Die Lust, nach Hause zu fahren, loderte in mir. Oft geschah das auch schon um drei. So fuhr ich manchmal viel zu früh. Natürlich habe ich mir dann Arbeit mitgenommen und fest vorgehabt, abends, wenn die anderen im Bett waren, noch etwas zu schaffen. Aber daraus wurde nichts. Ich war einfach zu müde, wir sind immer alle zusammen früh schlafen gegangen. Überraschenderweise konnte ich in diesen Monaten trotzdem besonders gut arbeiten und war auch auffallend erfolgreich.

Ich war wohl angestachelt vom Bedeutungsschub, den meine Frau erfuhr. Sie stand mit dem Baby immer im Mittelpunkt, und nun wollte auch ich Ansprache haben, wollte etwas gelten und nützlich sein, wollte im Mittelpunkt stehen, ab und zu. Das war kein Konflikt. Thomas Hässler formulierte es nach einem besonders guten Fußballspiel vor der Kamera einmal so: Die Geburt meines Kindes beflügelt mich einfach.

DER FEMINISMUS HAT mir das größte Geschenk gemacht, das ich in meinem Leben erhalten habe: ein intaktes emotionales Verhältnis zu meinen Kindern. Die Männer in der Generation meines Vaters träumten davon nicht, nicht einmal ohne sich am Morgen noch daran zu erinnern. Aber heute schauen sie zu, wenn ich mit meinen Söhnen zusammen bin. Ich höre immer wieder von erwachsenen Frauen, dass ihre Väter bedauern, so wenig Zeit mit ihren Kindern verbracht zu haben. Sie sagen das nur in Momenten großer Vertrautheit, die sie mit ihren Söhnen offenbar nicht haben, und sie sagen es, so höre ich, sehr traurig. Es ist ein weiterer Beweis für den Erfolg der Frauenbewegung, sie ist bis in den hintersten Winkel vorgedrungen. Die Klage der alten Männer ist das Bedauern, dass der Feminismus nicht früher gekommen ist.

Auf der anderen Seite erklären die Mütter ihren erwachsenen Töchtern, warum sie nicht mehr in ihr eigenes Berufsleben investieren konnten: Der Ehemann habe das verhindert, teils aus Stolz, dass seine Frau nicht arbeiten müsse, teils aus Egoismus, denn er wollte ihre Arbeitskraft direkt für sich haben. Der Krieg hat auch verhindert, einen Beruf zu ergreifen, ebenso die Familiengeschichte und das mangelnde Selbstvertrauen.

Aber auch hier ändert sich etwas: Meine Frau verliebte sich endgültig in mich, als sie sah, wie ich mit meinem Sohn umging. Genauer: Weil sie sah, dass ich mit jemandem eng sein kann, den ich dabei als eigene Person wahrnehme. Und angeblich leihen sich ungebundene Männer auf der Suche nach einer Lebensgefährtin die Kinder ihrer Freunde aus, um auf Spielplätzen Mütter kennenzulernen. Die Quote soll besser sein als bei der besten Netzagentur mit dem neuesten Statistikprogramm und längsten Fragebogen. Glaube ich gern.

Gleichzeitig sind noch all die alten Dinge anzutreffen, fast gleichzeitig. Zum Beispiel verbrachten wir einmal einen Winter in Italien. Meine Frau nahm sich in der Altstadt von Olevano eine Wohnung als Atelier. Mit den Vermietern hatte sie in den drei Monaten immer wieder zu tun. Die Heizung musste repariert werden, aber die Vermieter kamen auch einfach mal mit einem Stück Kuchen vorbei, um hallo zu sagen und zu sehen, wie es geht. Wie das in Italien so üblich ist, auch deshalb geht man ja dahin. Am Ende unserer Zeit luden sie uns zum Essen in ihr Haus ein. Dabei sprachen sie beinahe ausschließlich mit mir. Ich traute meiner Wahrnehmung kaum, aber so gut wie kein Wort wurde in meinem Beisein an meine Frau gerichtet. Weil es mir so unangenehm war, drängte ich auf schnellen Aufbruch. Im Nachhinein stellte ich fest, dass es oft in diesen Monaten so geschehen war, nur nicht immer so auffällig.

Oder in Griechenland: Ich bin mit meinem ersten Sohn vor vielleicht elf, zwölf Jahren dort gewesen. Er war keine drei, und als wir im Supermarkt ein paar Sachen einkauften, weigerte sich die Kassiererin, Geld von mir zu nehmen. Ich lehnte das natürlich ab, verstand auch überhaupt nicht, wieso sie dieses Angebot machte. Es ging um eine Summe zwischen fünf und zehn Mark, und die Sache musste ohne gemeinsame Sprache ausdiskutiert werden. Ich hielt es für ein Missverständnis, aber nach einer Weile gab ich auf. Sie drückte mir zum dritten oder vierten Mal den Henkel der Tüte in die Hand. Ich möge doch mit den Sachen gehen. Dazu strich sie über den Kopf meines Sohnes.

Am Abend erzählte ich es meiner alten Schulfreundin, bei der ich wohnte. Sie hatte einen Griechen geheiratet, lebte seit über zehn Jahren auf der Insel. Anja musste lachen: Die Kassiererin glaubte, die Mutter sei gestorben, denn eine andere Erklärung gibt es nicht für einen jungen Mann, der allein mit einem Kind unterwegs ist! Für einen Griechen einfach undenkbar.

EINMAL WIES MICH eine Bekannte, mit der ich im Flughafen saß und auf das Einsteigen in die Maschine wartete, darauf hin, dass das Dasitzen mit gespreizten Beinen vulgär sei. Ich hatte die Zeitung mit auf den Oberschenkeln abgelegten Armen gelesen. Wer weiß, was diese Frau schon erlebt hat, dachte ich und schlug die Beine übereinander, obwohl meine Chiropraktikerin mir davon dringend abgeraten hat: So verwringt man sich das Becken, man schnürt die Lebenskräfte ab, verstellt die Beckenhälften gegeneinander und ich kriege erst Schmerzen in der Lendenwirbelsäule, dann Theater mit dem Ischias und schließlich Kopfschmerzen. Lachhaft? Da sind wir wieder beim Problem des kranken Mannes. Es darf ihn nicht geben. Dabei war die erste Haltung dem asiatischen Sitzen in der Hocke verwandt, einfach sehr bequem, nicht nur für die Lendenwirbelsäule gesund, also naheliegend.

Ich habe aber auch schon einmal einen sexuellen Übergriff erlebt. In einem Kloster in Rom fiel ein älterer Mönch über mich her. Obwohl im Grunde nichts passiert war, schlief ich kaum in der Nacht danach und wenn, dann träumte ich düstere Sachen von Ungeschütztheit, die ich nicht gekannt hatte. Am Morgen stand ich auf wie gerädert und musste nach Zürich zu einem Vorstellungsgespräch, von dem ich nicht wusste, wie ich es in meinem Zustand bestehen sollte. Wer schon öfter solch einen Übergriff erlebte, wer damit rechnen muss, dass es jederzeit vorkommen kann, wie geht der, frage ich mich, durchs Leben? Und was für eine Existenz im Kloster, unterm Zölibat: Abgeschnitten vom Besten, vom eigenen Fluss des Daseins.

Wie weit sind Männer heute davon generell weg, wenn amerikanische Firmen jeden Angestellten schriftlich anweisen, den Fahrstuhl zu verlassen und die Treppe zu nehmen oder auf den nächsten zu warten, wenn er sonst allein mit einer Frau führe? Bei der Einstellung muss man unterschreiben, dieser Anordnung zu folgen. Zum Glück bin ich Freiberufler.

ALS SOLCHER SCHLENDERTE ich kürzlich mit Kollegen über die Buchmesse in Riad, wo die Sachbücher aktiver US-amerikanischer Politiker neben dem von Adolf Nazi auf den Tischen lagen. Wir waren vor allem von verschleierten Frauen umgeben. Die Männer saßen in den Cafés oder standen an den Eingängen der Zelte und beobachteten die Passanten. Männer läsen hier nicht, hieß es, das sei etwas für Frauen. Man hatte uns auch gesagt, dass zu langer Augenkontakt nicht gestattet sei, deshalb waren wir zunächst vorsichtig, schließlich reisten wir als Gäste des deutschen

Außenministeriums. Aber lange hielt den Blicken der Frauen keiner stand. Bis auf die Schuhspitzen und Finger verhüllt, waren sie es gewohnt, einem fremden Mann so tief und lange in die Augen zu sehen, dass es eine biologische Reaktion gab. Bei mehr als zwei, drei Sekunden direktem Augenkontakt befindet man sich in einem Flirt, heißt es. Und tatsächlich beschleunigte sich mein Herzschlag bei manchem Blickkontakt, denn in einer halben Stunde hatte man ohne weiteres ein Dutzend Flirts von bis zu zehn Sekunden Länge.

Als wir wieder auf der Straße standen, kam ich mir vor wie massiert: Überall angefasst. Ob es ihm auch so ging, fragte ich einen mitgereisten Kollegen vorsichtig. Er grinste: Ist doch schön!

Das Verhalten der Frauen war offensichtlich eine lebensnotwendige Technik, mit der Umwelt im Kontakt zu bleiben. Kaum anders als Atmen. Wer nicht gesehen wird, muss auf sich aufmerksam machen. Sich zu schminken, erotisch zu schmücken, ist nichts anderes. Ein Stück Freiheit und Ehre.

Ich entscheide, das bequeme breitbeinige Dasitzen beizubehalten.

MIT MEINEM ZWEITEN Sohn bin ich mittlerweile auch weiter, als noch vor ein paar Seiten berichtet. Er hat bald den ersten Geburtstag und lässt sich jetzt auch von mir hinlegen, ob seine Mutter nun da ist oder nicht. Er freut sich genauso über mich wie über sie und protestiert, wenn ich weggehe. Nur drei Wochen lagen zwischen den Abenden mit der eingequetschten Bandscheibe und dem gemeinsamen Einschlafen im Bett, bei dem er den Kopf auf meinen Oberarm legt und den Rücken an meinen Rumpf schmiegt. Diese Berührungen sind eine Besänftigung auch für mich, mehr sogar: Sie sind heilend. Wenn er dann einschläft, drückt mein Sohn das ganze Vertrauen aus, das ein Mensch zu einem anderen nur haben kann. Sie sind das Gegenteil vom ewigen Wettbewerb. Ich kann selbst tiefer und entspannter atmen als sonst und habe nicht mehr das Gefühl, dass alles an mir hängt. Eher ahne ich, dass etwas mit dem Fluss des Lebens auch in Ordnung ist.

ES IST GAR nicht so schwer, den Ausschluss aus der Intimität zwischen Mutter und Kind so zu verkleinern, dass man mit dem nicht zu beseitigenden Rest leben kann. Man muss sich des Wunsches nur bewusst sein und den Zurücksetzungen auch ab und zu entgegentreten. Ganz im Gebärneid zu versinken, ist eh keine gute Strategie, mit dem Leben klarzukommen. Es wäre dem Niveau des gegenwärtigen Feminismus auch zu ähnlich, und wenn man am Ende des Weges napoleonischer als Napoleon ist, hätte man sich den Aufwand besser gespart. Ständiges Rechnen ist so wenig ein Konzept wie die Idee, weiter nur der ölige Motor im Wagen der Familie zu sein, die im immer schöneren, bequemeren und mit Dutzenden Airbags, dynamischen Kopfstützen und Seitenaufprallschutz ausgestatteten Fahrgastraum sitzt und Musik hört, die Butterbrote und das Obst verteilt, Bilderbücher anschaut, auf dem Gameboy rumklickt und mit den Großmüttern telefoniert, während die Landschaft draußen vorbeizieht. Sich mit roher Arbeitskraft der Hand oder der Stirn Tag für Tag unersetzlich zu machen, um einen Minimalrespekt zu erkaufen, der das komplette emotionale Absaufen verhindert: Ich nicht.

Es ist aber nicht die Aufgabe der Frauen, die Wünsche der Männer zu artikulieren. Sie werden das nicht tun. Das müssen wir schon selbst machen. Auch Ansprüche haben wir zu stellen: Frauen, die ihren Mann gar nicht zuhause haben wollen, weil das ihr Reich ist, sind nicht akzeptabel. Frauen, die nur auf ihre Kinder fixiert sind, die ihre ganze Liebe auf das Kind konzentrieren, sind nicht akzeptabel. Frauen, die ihre eigene Sexualität allein für etwas schon Ehrbares ansehen, während die ihres Mannes noch domestiziert werden muss, für deren Erfüllung der Mann ansteht, bettelt, wartet und hungert, mit anderen Worten: passive, ablehnende, in ihrer Weiblichkeit geizig badende Frauen? Nein danke. Ich stelle es mir auch sehr anstrengend vor, mit jemanden zusammen zu sein, der zu seiner Libido kein gutes Verhältnis haben kann: Wer seinen Partner entehrt, entgeht der Abwertung selbst nicht. Man wird kaum erfolgreich fordern können, dass Frauen sich mit den Techniken der Genitalmassage nach Joseph Kramer beschäftigen, obwohl jeder, der mit ihnen vertraut ist, sich wundert, warum sie nicht zur Grundausstattung eines modernen, gebildeten, gar aufgeklärten Menschen gehören. Aber man darf hoffen, dass Frauen in der nahen Zukunft wenigstens die erogenen Zonen des Mannes und Aufbau wie Funktion seines Genitals kennen.

Auch mit der häufig ungleich verteilten Lust kann man umgehen wie mit allen anderen Ungleichheiten. Zwischen dem Geschlechtsverkehr und der Masturbation im Badezimmer oder öffentlichen Klokabinen existieren unendlich viele Möglichkeiten, die gelebt werden können. Es kann sehr schön sein, sich selbst zu befriedigen, wenn der Partner nur zuschaut oder zuhört oder im Halbschlaf eine Hand dabei an den Körper des anderen legt, egal wo. Ein Freund erzählte mir letztens, dass seine Frau sich in diesem Moment dann doch zu ihm umdreht und mit ihrer Zunge in sein Ohr fährt, weil seine Bewegungen und Geräusche sie anregen und sie es schade findet, gar nicht dabei zu sein. Sie habe nichts gegen Männer, sagt er. Eine Hand legt sie gern auf seine Brust, weil sie weiß, wie empfindlich er da ist, und kann ihn damit sogar wie per Knopfdruck steuern.

Bei den beiden geht es auch umgekehrt: Der sich befriedigende Partner legt die freie Hand beim anderen an.

GAR NICHT AKZEPTABEL: Die Ausbeutung des Mannes im Sexmarkt. Hier wird der Mann jenseits des harmlosen *Playboys* ganz zur Ware degradiert. Sein Liebesbedürfnis ist Rohstoff einer Industrie. Wobei nicht das Geld das Problem ist und schon gar nicht Professionalität, sondern der fehlende Respekt. Vor Kurzem bin ich nach einer Veranstaltung mal im Frankfurter Bahnhofsviertel herumgestreift, weil mein Hotel dort war und es lächerlich ist, dass ich nichts übers Rotlicht weiß. Es ist schon abenteuerlich, dass Frauen glauben, einen Mann betont abfällig behandeln zu müssen, um einen Sexdeal abschließen zu können. Aber vermutlich verstehen sie ihr Geschäft, es ist die vulgäre Form der Koketterie. Ich hätte jedenfalls fast mein Bier über den Tresen geprustet, als man mir den Sekt zu 78 Euro nahelegte, wenn ich weiter mit der, äh, reizenden Dame reden wolle. Ich solle mal auf der ganzen Meile eine zweite suchen, meinte sie empört, die »was von Peter Handke« gelesen habe. Wer sich das gefallen lässt, ist selbst schuld. Und arm dran.

Am vollsten sind die Bordelle, so hörte ich, montags. Und Thomas Brussig macht in seinem zu Recht kritisierten Bordellführer doch eine interessante Beobachtung: Im Puff sieht er vor allem große, schwere Männer. Je mehr Körper, desto weniger weiß der moderne Mann, wohin mit ihm. Die

Moderne arbeitet auch auf allen technischen Ebenen an der Verkleinerung. Wir haben die Schallplatten in CDs und dann die CDs in kleine flache Digitalspeicher verwandelt, mit denen man tausende Lieder in die Hosentasche steckt. Bald reicht ein Handteller großes Gerät, um vom abendfüllenden Spielfilm übers Videotelefonat bis zum mobilen Verkehrsleitsystem alle kommunikativen Bedürfnisse zu bedienen. Wir schaffen jetzt die Bibliotheken ab, eigentlich kurios, dass das Wort als Letztes digitalisiert wird, dass das Buch als letzter Dinosaurier verschwindet. Längst ist in diesem Zug zum Grazilen, der die Entwicklung der Effektivität kennzeichnet, der Männerkörper zur Begrenzung geworden. Autos kann man wegen ihm nicht kleiner bauen, und die Tasten auf dem Telefon sind schon lange so klein, dass er sie kaum noch bequem bedienen kann. Der Mann steht nur noch im Weg, denkt er und glaubt, ein ökologisches Problem geworden zu sein, denn nur noch klein ist heute fein.

ICH HABE NOCH nicht von den Abtreibungen erzählt. Und nicht von der Neigung der Frauen zur Indiskretion. Ohne je einen Gedanken daran zu verschwenden, dass sie die Integrität ihres Mannes oder Freundes verletzen, erzählen sich viele Frauen einander vorbehaltlos alles auch von ihren Partnern. Zumindest als ich jung war, musste ich das erleben: Mädchen standen zusammen und hatten immer etwas zu tuscheln und zu lachen. In den letzten Jahren ist es vielleicht besser geworden, ich bin mir nicht sicher, ob das generell gilt. Vielleicht stimmt es auch nur in meinem Umfeld. In älterer feministischer Selbstfindungs- und Empörungsliteratur stoße ich oft auf den fatalen Hang, Intimes eher mit der Freundin als mit dem eigenen Mann zu besprechen. So vergrößert man statt des Wissens voneinander nur die Ausgesetztheit des Mannes, der damit noch weniger einen sicheren Ort hat und sich nach einer einsamen Autobahnfahrt sehnt.

Wie ich darüber reden oder schreiben soll, überlege ich noch, als ich mich mit einem meiner ältesten Freunde treffe. Nennen wir ihn Paul. Er fragt, wie weit ich mit meiner Intervention bin, wie er dieses Buch liebevoll nennt. In Verlag und Familie, auch auf meinem Rechner heißt es schließlich das Manifest.

»Fast fertig«, kann ich sagen, »es fehlen nur noch die Abtreibungen.«

Seine Augenbrauen schießen gleichzeitig hoch, als hätte ich ihm etwas Heikles gestanden. Paul weiß von mir fast alles, das ist zumindest mein Gefühl. Ich habe ihm auch erzählt, wie es war, als ich in dem zwölftägigen Kurs, in dem ich mich in Genitalmassage nach Annie Sprinkle unterrichten ließ, entdeckte, dass ich meine Männlichkeit ablehnte. Durch drei oder vier unglückliche Liebschaften habe ich Paul als Gesprächspartner begleitet, bis er seine jetzige Frau kennenlernte. Dass eine Abtreibung zu seiner Biografie gehört, wusste ich nicht, aber wahrscheinlich ist das so wie bei den Fehlgeburten. Erst wenn man selbst eine erlebt, nimmt man wahr, wie oft es vorkommt.

Jetzt erzählt er mir davon: Er war furchtbar jung, durfte nicht mal Autofahren. Schrecklich für ihn, denn sie mussten dafür nach Rotterdam. Seine Freundin fuhr. »Wir sprachen nicht viel auf der Fahrt, es war Winter. In Holland waren die Felder rechts und links der Straße überschwemmt, es hatte zu viel geregnet. Zum Glück gab es keine Staus. Wir schwänzten die Schule, und würden eh nicht vor acht oder neun abends zurück sein. Niemand wusste, wo wir waren, nicht ausgeschlossen, dass sie uns am Abend suchen lassen würden. Am Ende wurde es elf, bevor ich zuhause war.«

Seine Eltern machten aber kein Aufheben, froh, wie sie waren, dass er zurück war. Vorher hatte Paul in Rotterdam stundenlang mit anderen Paaren im Wartezimmer gesessen, keines war annähernd so jung wie die beiden. Bis sie an die Reihe kamen, wusste er längst, dass er nicht mit hineindurfte. Die anderen Männer saßen da ganz ruhig und lasen in Magazinen. Es dauerte eine Ewigkeit, die Paul dasaß und von den anderen in seiner steigenden Nervosität zu beobachten war. Irgendwann kam seine Freundin durch die Milchglastüren, und sie sind direkt nach draußen gegangen und in den Wagen gestiegen. Dann die lange Rückfahrt, wie viele Stunden er tatenlos auf dem Beifahrersitz saß, neben ihr, die allen Schmerz wegbiss.

Seine große Traurigkeit kam am Tag danach in der Schule. Er hatte Mühe, im Unterricht nicht zu weinen, und war froh, wenigstens einer Mitschülerin bei einem Kaffee in der nahen Eisdiele davon erzählen zu können. Ein, zwei Sätze waren es nur, bis sie verstand, was er meinte, dann hielt er schon inne, sie blickte ihn nur mit großen Augen stumm an.

»Das war alles«, sagt Paul.

Und seine Freundin?

»Sie hat mit gar niemandem darüber geredet.«

Sie hatten immer die Temperatur gemessen. Als es passiert war, sagte der Arzt, das sei eine gute Methode, um schwanger zu werden, aber keine, um es zu verhindern. Seine Freundin wollte keine Hormone nehmen. Tat es danach aber doch.

Die Liebe habe es gefestigt, sie trennten sich erst viele Jahre später, als beide schon lange in verschiedenen Städten studierten, sich verschieden entwickelten und sich schlicht aus den Augen verloren. Er hat mal gehört, sie habe drei Kinder bekommen.

»Zum Glück«, sagt er, »die Ausschabung kann ja Narben in der Schleimhaut und deshalb Kinderlosigkeit zur Folge haben.«

Er selbst hat keine Kinder.

»Vielleicht mal«, sagt er und lächelt.

ALS ICH SELBST einer Abtreibung zustimmte, sie befürwortete und erlebte, war ich viel älter, und es war um die zehn Jahre nach der von Paul. Die Freundin, ich nenne sie Manuela, war von einer langen Reise zurück, drei Monate Südamerika, vom Rückflug sollte der Rhythmus durcheinandergekommen sein. Sie sagte es mir am Telefon, und ich meinte, das könne doch eigentlich gar nicht sein.

»Ich dachte auch nicht, dass es sein könnte«, sagte sie. »Es ist aber so.«

Wir wohnten nicht in einer Stadt, und unsere Liebe war schon vor ihrer Reise nicht mehr unbeschwert gewesen. Nach der Reise, die sie mit einer Freundin gemacht hatte, war es noch schwieriger geworden, als zuvor schon. Diese Freundin hatte einmal die Idee gehabt, ohne Mann ein Kind zu bekommen. Es war die Zeit, in der man Kleinanzeigen las: Vater für mein Kind gesucht, keine weiteren Verpflichtungen. Als sie diese Gedanken entwickelte, sah ich jede Menge Probleme. Ich vermutete, dass so was vor Gericht als unsittlich gelten würde, und entwickelte einen Romanplot, in dem dieses Paar nach furchtbaren Kämpfen doch ein richtiges

Paar würde. Ich fand die Frage spannend, wie man so ein Happy End inszeniert, sah dann aber, dass der Plot blöd genug war, um im Nachmittagsfernsehen zu laufen.

Manuela erzählte ich davon. Wahrscheinlich hat sie es ihrer Freundin weitergegeben, denn die Stimmung begann sich zu verschlechtern. Die Freundin redete nicht gut über mich, was Manuela leider beeinflusste. Sie begann auch, sich ständig über Männer aufzuregen. In der Zeitung stand, einer sei aus Mangel an Beweisen vom Vorwurf der Vergewaltigung freigesprochen worden. Ohne Details zu kennen, regte sie sich maßlos auf. Sie begann in Hochhäusern, Flussläufen und abstrakten Gemälden Phallussymbole zu sehen und zeigte immer mit dem Finger drauf. Vor ihrer Südamerikareise schlief ich schon kaum noch mit ihr, denn dazu brauche ich, wie ich heute weiß, Vertrauen. Sie beschwerte sich darüber, ich fand keine Worte dazu. Ihre lange Reise war schließlich gegen mich gerichtet, sie wollte einmal ohne Mann sein, und ich hörte nicht viel von ihr in dieser Zeit. Obwohl ich Prüfungen hatte und viel Stress und überlegen musste, wie ich mit meinem Leben weitermachte.

Bei ihrer Rückkehr steuerte sie immerhin zuerst meine Stadt an. Zwei Nächte war sie geblieben. Jetzt trafen wir uns in ihrer Stadt, um zu einem Arzt zu gehen, den man ihr genannt hatte, und den Fötus beseitigen zu lassen. Der Mann war mir unsympathisch, er warf Blicke auf Manuela, die ich lieber nicht interpretieren wollte. Ob wir ganz sicher seien. Waren wir. Schließlich führte er den Schlauch ein.

Später saßen wir bei Manuela zusammen. Ihre Freundinnen kamen. Sie hatte mich nicht gefragt, ob mir das recht sei, und als ich sagte, das sei mir nicht recht, entgegnete sie, ihr sei es aber wichtig. Sodann saßen wir zu viert um den

Küchentisch, und es wurde erzählt, wie es gewesen ist. Mich fragte niemand, und ich sagte auch von mir aus nichts. Ich hätte mich lieber mit Manuela ins Bett gelegt und zusammen eingerollt. Drei Tage war ich bei ihr.

Dann fuhr ich in die Schweiz, um vor einer erlesenen Gruppe von Professoren einen Vortrag zu halten. Eingeladen hatte mich ein Freund, er war Doktorand und wohnte in einer Wohngemeinschaft auf einem Bauernhof weit oberhalb der Stadt. Auf dem Berg atmete ich vielleicht die sauberste Luft, die ich je atmen durfte. Es war noch früh im Jahr, und am Abend sehr kalt. Vielleicht fühlte sich die Luft auch nur wegen der Kälte so sauber an, nachdem mir im Vortrag das unterlaufen war, was man einen Blackout nennt. Ich hatte mich versprochen, einen kuriosen Fehler in meinem Modell vom Universum, es konnte gar nicht stabil oder unserem nur annähernd ähnlich sein, denn das Photon hatte plötzlich eine Ruhemasse. In meinen Publikationen konnte ich den Fehler keinesfalls gemacht haben. Freundlich auf ihn hingewiesen, verlor ich den Faden. Ich hörte nicht mehr richtig zu, der Raum wurde weit, und den letzten Satz eines Zuhörers, der Gelächter erzeugt hatte, konnte ich mir nicht lange genug merken, um überhaupt auf ihn zu antworten.

Als einer der Professoren mich anschließend in sein Büro bat, um sehr freundlich seine Sicht der Klasse von Theorien darzulegen, an der wir arbeiteten, wurde mir schwindlig. Von seinen Erklärungen verstand ich, obwohl wir einer Meinung waren und dasselbe Ziel hatten, kein Wort. Ich war schlicht nicht bei mir.

In der Nacht lag ich im Gästezimmer des Bergbauernhofs nah am Fenster, atmete diese unglaublich saubere Luft und träumte, wie ich mit Manuela zur Praxis des Arztes ging.

Wir stellten uns vor, er bat uns in den Behandlungsraum, in dem der Stuhl stand. Manuela zog sich halb aus, kletterte in den erhöhten Stuhl, nahm Platz, legte die Beine in die Stützen. Da ging der Arzt zum Fenster, und zog mit einer seitlich angebrachten Kordel die senkrecht hängenden Stoffbahnen beiseite, die das ebenerdige Fenster vor Blicken von außen geschützt hatten. Wir sahen auf den Bürgersteig, man konnte von außen genauso hineinsehen, geradewegs in Manuelas Schritt. Aber noch war niemand am Fenster. Das änderte sich während des Eingriffs. Ich stand an der Seite neben dem Stuhl und hielt Manuelas Hand, als ihre Freundinnen auf dem Gehweg auftauchten.

Eine nach der anderen gesellte sich zu jener, die ihr Kind ohne Mann haben wollte. Sie trug eine Lederjacke, hatte die Haare kurz geschnitten und rot gefärbt, lehnte mit der Schulter an der Fensterecke. Sie drehte sich eine Zigarette und rauchte, redete mit anderen über Manuela, winkte ihr mal kurz zu. Dann schienen sie auf andere Themen zu kommen, weil sie manchmal minutenlang nicht zu uns hinsahen, sondern sich miteinander unterhielten. Als wir später wie Verletzte aus dem Haus kamen, waren sie noch da, lachten und grinsten und gingen plappernd mit uns nach Hause, als kämen wir von einer Vergnügung.

Erst viel später erfuhr ich von der Affäre, die Manuela vor dem Abflug in Santiago de Chile mit einem Backpacker hatte: Ihr Bauch gehörte ihr.

PAUL VERZIEHT DAS Gesicht, als ich mit der Schilderung fertig bin, und weist auf die Fortschritte hin: Im vergangenen Sommer besuchte ihn zum Beispiel sein Neffe. Er ist Abiturient und kam mit zwei Freunden, einem Amerikaner und einem Schweden. Sie kannten sich aus einem gemeinsamen Jahr, das sie als Austauschschüler in Brasilien verbracht hatten. Jetzt waren sie per Interrail in Europa unterwegs, waren in Paris gewesen und an der Côte d'Azur, in Italien, Kroatien, Wien und München und wollten noch nach Stockholm. Sie hatten auf Bahnhöfen geschlafen und nahmen oft Nachtzüge, um das Geld für die Jugendherbergen zu sparen. Berlin lag auf dem Weg und sollte sowieso auf keinen Fall ausgelassen werden.

»So richtig gut«, sagt Paul, »passte uns die Anfrage nach drei Betten allerdings nicht ins Konzept. Meine Frau war auf einer Reise gewesen, beruflich, und krank zurückgekommen. Auch ich kam gerade von einem Seminarwochenende zurück. Wir hatten uns eigentlich auf ein paar ruhige Tage gefreut, wollten viel schlafen. Also sagte ich den jungen Männern unter der Bedingung zu, dass sie sich entsprechend zurückhaltend benehmen müssten. Schließlich ging ich davon aus, dass sie auf Konzerten, in Diskotheken und Kneipen halbe und ganze Nächte verbringen würden, um dann nicht gerade geräuschlos am frühen Morgen bei uns in die Wohnung zu stolpern. Aber nichts dergleichen trat ein. Von Saufen keine Spur, auch nicht vom Feiern. Am letzten Abend kamen sie gegen sechs nach Hause, große, eckige Tüten mit Markennamen an jeder Hand, von denen ich manche kannte, andere nicht. So aßen wir zusammen. Dann zeigten sie uns ihre Einkäufe: Das waren nicht etwa Fußball- oder Basketballtrikots mit den Namen irgendwelcher Stars, auch keine Militärjacken aus den Secondhandläden, sondern Designerklamotten, die sie zu 70, 60 oder gar 50 % des Normalpreises erstanden hatten. T-Shirts, Hemden, Hosen, Schuhe.

Bei jedem Teil nannten sie den normalen Preis, begeistert über ihre Schnäppchen. Ich fand das putzig, für die Jungs war das aber ganz normal, sie bemerkten nicht, wie ich mit meiner Frau amüsierte Blicke wechselte.«

Wir kommen noch auf Politiker zu sprechen, die auf Monate oder erstmal ganz von ihren Ämtern befreit wurden, um sich um erkrankte Frauen zu kümmern, wie etwa Frank-Walter Steinmeier und vorher schon Franz Müntefering. Auch im Fußball ändert sich vielleicht etwas: Der Trainer von Schalke 04 trat wegen eines Burnouts zurück. Das wäre vor ein paar Jahren noch kaschiert worden, denn eine glänzende Zukunft lag noch vor ihm. Wenn er jetzt gesund zurückkehrt, wird sein Marktwert sicher stark beeinträchtigt sein, weil jeder Verein sich fragt, ob der dem Druck wieder gewachsen sein wird, der auf einem Bundesligatrainer lastet. Er hatte in der Zeit, in der er krank wurde, übrigens neben seinen beruflichen Verpflichtungen auch noch seinen Vater gepflegt.

Steinmeier hat seit der Nierenspende für seine Frau stetig an Format gewonnen, wann immer er in Fernsehrunden auftaucht, spricht er aus einer freien, dem Leben und den Anderen zugewandten Position heraus und wird nicht als möglicher Kanzlerkandidat attackiert. Man sieht ihn als Menschen. Er erinnert mich an Hans-Peter Miss, der auch mehr vom Leben wusste als andere. Männer, denke ich, die nicht vom Männlichkeitswahn verunstaltet sind, die sich nicht mehr vom Leistungsdruck niederdrücken lassen. Man hört auch vereinzelt von frühen Rücktritten erfahrener, erfolgreicher Manager, die sich ihrer Familie widmen wollen, von stellvertretenden Chefredakteuren in Teilzeit.

Am Tisch neben uns sitzen mittlerweile drei Männer Anfang dreißig beim Bier zusammen. Ihr einziges Thema während der halben Stunde, die ich ihnen mit einem halben Ohr zuhöre: Babys. Sie reden vom Windelabo, Folgemilch und Abstilltechniken. Tauschen Tricks, die Kinder zum Schlafen bringen. Nichts Gekünsteltes hängt diesen Männern an, sie wirken vollkommen natürlich.

MIR GEHT DURCH den Kopf, wie ich mit Ende zwanzig als Vielleser plötzlich entdeckte, noch nie einen Roman gelesen zu haben, den eine Frau geschrieben hatte. Eine halbe Wand füllte mein Bücherregal damals schon, Beauvoirs *Das andere Geschlecht* war allerdings dabei. Über Orgasmen wussten wir nicht viel.

Und noch vor Kurzem habe ich mit dem Frühstückskaffee im Bett sitzend zu meiner Frau Nicola gesagt, dass ich mit einer bestimmten Kollegin, die ich am Vorabend getroffen hatte, gut reden könne. Weil Nicola nicht wusste, was ich meinte oder warum ich das erzählte, fügte ich, halb wach wie ich war, an, dass das doch selten sei mit einer Frau.

Ich müsse mir mal zuhören, gab Nicola empört zurück, aber auch belustigt. Sie zeigte mir einen Vogel, als sie in die Küche ging. Tatsächlich habe ich jahrelang nur Freundinnen gehabt, und erst in letzter Zeit auch wieder Freunde. Und gerade mit Nicola selbst ging in den ersten Wochen alles übers Reden.

Die Mutter meines ersten Sohnes warf mir nach der Trennung vor, ich habe ihr nie zugehört. Sie sei nicht zu Wort gekommen. Damals habe ich allen Ernstes gedacht, ich sei eben meistens im Recht gewesen. Als ob es so etwas gäbe oder es in einer Partnerschaft darauf ankäme! Fürchterlich.

Jahrhunderte sind in uns wirksam.

ALS MEIN ABEND mit Paul eigentlich schon ausklingt, geht sein Telefon. Er schaut auf das Display, entschuldigt sich, da müsse er rangehen. Mit dem Telefon am Ohr steht er auf, schiebt den Stuhl langsam beiseite, wirft mir einen vielsagenden Blick zu und geht nach draußen, um mit seiner Mutter zu telefonieren. Es dauert eine Weile, ich sehe ihn auf dem Bürgersteig. Er hört zu, nickt heftig, scharrt verärgert mit den Fuß, geht hin und her und gestikuliert und sieht in den Himmel. Ich bestelle doch noch mal einen halben Liter Wein. Bis Paul zurückkommt, habe ich mich bemüht, nur zu nippen, aber mein Glas ist fast leer.

»Mein Vater trinkt wieder«, sagt er und setzt sich.

Seine Mutter habe es ihm ganz gefasst berichtet. Sie weiß, dass Paul schlecht schläft, wenn der Vater trinkt. Sie wollte es ihm aber auch nicht verschweigen.

Getrunken hatte Pauls Vater immer schon gerne, ruhig und maßlos auf Festen. Keinem war dabei aufgefallen, dass er jahrzehntelang ein Pegeltrinker war. Diesen Begriff kannte in der Familie auch niemand, wer kennt sich schon mit Alkoholsucht aus? Offenbar hatte er immer schon ab mittags im Büro getrunken, hier und da einen Schluck. Das wurde in der Klinik rekonstruiert, wo auch die anderen Fachbegriffe von Aminobuttersäure bis Dopamin, Erregung und Toleranz erklärt wurden, die beim Alkohol eine Rolle spielen.

Pauls Vater hatte von seinem Vater eine Autowerkstatt geerbt, aber er hat sie so wenig gemocht, wie er je hinterfragt hat, ob er die Werkstatt tatsächlich leiten möchte. Ob das sein Leben sein soll. Sein Großvater hatte sie aufgebaut, Pauls Urgroßvater, zusammen mit einer Tankstelle. So war das eben damals noch: Man führte das Geschäft weiter. Besonders schwergefallen, sagte Paul mir, sei seinem Vater das

Geschäftemachen. Er war zu weich. Er konnte nicht Nein sagen und sah sich von tausenden Anforderungen umstellt. Er musste eine bestimmte Anzahl Neuwagen pro Jahr abnehmen, um den Vertrag als Haupthändler seiner Marke behalten zu können, von dem er glaubte, dass er ihn brauche. Die Neuwagen verkaufte er oft ohne Gewinn, die Gebrauchten meistens mit Verlust, denn bei Reklamationen gab er häufig auch nach mehreren Monaten einfach nach. Dann musste er die Verkaufshalle und den Einfahrbereich in die Werkstatt mehrfach umbauen, weil Höhe und Breite des Tores neben den Bauvorschriften auch vom Lizenzgeber genau vorgeschrieben wurden. Die Schulden stiegen immer weiter.

Als die Werkstatt pleiteging, hat man festgestellt, dass er den Mechanikern regelmäßig auf ihren Arbeitskarten Positionen abgestempelt hat, die er den Kunden gar nicht in Rechnung stellte. Das ging vom Ausbohren festsitzender Schrauben an alten Autos bis zu ganzen Reparaturen, die er auf der Probefahrt mit dem Kunden nicht als notwendig erkannt hatte. Einer hat das später erzählt. Eine Wasserpumpe, ein Achslager, so was gab es öfters umsonst.

»Er war das glatte Gegenteil eines Autohändlers, wie man ihn kennt«, hatte Paul mir vor zwei Jahren gesagt, als sein Vater das erste Mal zum Entzug musste: »Aber natürlich hat ihn trotzdem jeder so behandelt, als sei er einer.«

Alkoholsucht ist eine Hirnerkrankung. Durch den ständig hohen Alkoholgehalt im Blut kommen Regelmechanismen durcheinander, das Gehirn verändert sich dauerhaft und bildet sich auch nach Jahren Abstinenz nicht zurück. Einmal Alkoholiker, immer Alkoholiker. Paul hat sich sehr bemüht, seinem Vater zu helfen. Eines der größten Probleme war dessen Scham. Aber auch mangelhafte Therapien. Schließlich fand Paul einen Arzt, der ein Medikament verschrieb, das zwar schon lange auf dem Markt war, dessen dämpfende Wirkung auf Alkohol und die Lust auf ihn aber erst jüngst entdeckt wurde: Baclofen.

Weil es schon ewig keinen Patentschutz mehr gibt, wird keine neue Studie gemacht, und der Arzt handelt ohne Indikation. Off-label use nennt man das. Wenn in einem solchen Fall ein Schaden durch die Behandlung eintritt, ist der Arzt schuld. Es gibt zwar sehr viele solche Methoden, bei Kindern etwa, wo man keine Studien machen kann, oder bei Kopfschmerzen. Keine Studie hat je bewiesen, dass Aspirin dagegen hilft. Die Verwendung ist aber auch juristisch unbedenklich, weil es jahrzehntelange Erfahrung an zahllosen Patienten gibt.

Diese müssen im Falle von Alkohol und Baclofen, das nicht so harmlos wie Aspirin ist, erst gesammelt werden. Viele Ärzte lehnen das neue Medikament gegen Alkoholsucht daher ab, den Süchtigen zum Schaden. Pauls Vater ging es damit einige Monate sehr gut.

»Mein Vater«, sagt Paul jetzt, »hat die Tabletten abgesetzt.«

»Wieso?«

»Er meinte, er brauchte sie nicht, sie würden eh nicht helfen und nur müde machen. Und gegen das Trinken käme er alleine an.«

»Ist das nicht typisch?«, frage ich.

»Wahrscheinlich. Es beleidigt ihn, dass er eine Tablette nimmt, die vor sechzig Jahren gegen Spastiken auf den Markt kam und die ihm jetzt in der Psychiatrie gegeben wurde. Als Psychopharmakum.«

Er sei nie krank gewesen, habe er bei der Besprechung beteuert, bei der Paul anwesend war, und auf die Frage, wie es ihm gehe, wenn er trinke, hat Pauls Vater dem Arzt tatsächlich gesagt: »Gut.«

Dabei gab es auch Selbstmordphantasien, mindestens eine davon war eine Drohung.

Pauls Cousine meint, dass sein Vater nicht genug Sinn im Leben habe, seit die Werkstatt zu ist. Er habe überhaupt keine Interessen neben Fußballgucken und dem Garten. »Und den Garten«, so Paul, »kann er gar nicht mehr selbst machen.«

Ich nicke.

»Der Psychiater meint, er trinke, um Aufmerksamkeit zu bekommen. Um im Mittelpunkt zu stehen, um Ansprache zu haben. Es sei ein Hilferuf.«

WENN PAULS VATER trinkt, um beachtet zu werden, könnte man die Alkoholsucht als Hypochondrie im landläufigen Sinne verstehen, als Simulation einer Krankheit: Er muss nicht trinken, tut es aber. Dann läge das Problem woanders, allerdings ohne deshalb weniger erschreckend zu sein.

Dass ein Mann ein Hypochonder sei, ist aber ein so gängiger Satz wie alles Denkbare, das man übers Wetter sagen kann. Auch damit bringt man selten eine Unterhaltung in Gang. Es ist eine Technik zum Beenden des Gesprächs oder der Gong zum Wechseln des Themas. Nicht anders ist es gemeint, wenn jemand als Hypochonder bezeichnet wird. Es bedeutet: Mensch, lass mich mit deinen Mängeln in Ruhe. Dabei kann es für eine Grundeinstellung zur Krankheit nicht entscheidend sein, ob es sich um eine somatoforme, das heißt gegen den Körper gewandte Störung handelt, die im Psychosozialen oder Sozialpsychischen ihre Ursache hat oder um eine genuine Krankheit. Eine somatoforme, sprich somatische Störung muss ja genauso engagiert behandelt werden wie jede andere Krankheit. Die Situation ist dann schon verfahren genug. Einfacher gesagt: Wer behauptet, krank zu sein, muss dafür schon einen Grund haben, und in der Regel ist der Grund einfach: Er ist auch krank.

Die klinische Hypochondrie ist zudem etwas anderes als die landläufige. Es handelt sich nicht um ein Symptom wie Simulation, sondern um eine schwerwiegende Angsterkrankung, nämlich die krankhafte Angst, krank zu sein. Unter Männern ist sie epidemisch. Daran sind auch Frauen in massiver Weise schuld, denn es ist nicht nur perfide, einem Menschen, der von sich sagt, er fühle sich nicht wohl oder er habe beim Gehen Probleme mit dem Knie, zu sagen, er solle nicht so zimperlich sein. Vielleicht strahlt ein Schmerz seit ein paar Tagen in den Arm oder er hat einen asymmetrischen Druck im Kopf, ein merkwürdiges Händezittern? Egal, es gibt keine Situation, in der nicht mal schnell lächelnd die Hypochondriekarte gezogen wird, man dem Mann also vorwirft, er simuliere die Krankheit oder habe übermäßige Angst vor ihr.

Das ist perfide, weil es nicht ohne Folgen bleibt: Weiß man, dass niemand hören möchte, man fühle sich nicht wohl, so muss man zwangsläufig in eine erhöhte Bereitschaft gegenüber jeglichen Anzeichen verminderter Gesundheit gehen. Man entwickelt jene Angst, die einen in den Augen der anderen zum Hypochonder macht.

Der Mann kann nicht beweisen, kein Hypochonder zu sein. Es wissen ja schon alle, dass er gerne mal ein bisschen spinnt, um im Mittelpunkt zu stehen. Er, der eh immer schon im Mittelpunkt steht, so der standardisierte Vorwurf, will das um jeden Preis dauernd verlängern. Um das Lächeln, das er im besten Fall erntet, ist er nicht zu beneiden. Damit er den Vorwurf der Hypochondrie wieder loswird, beginnt der Hypochonder zu schweigen. Er nimmt jede Überbelastung an und wehrt jede Meldung seines Körpers ab. Folglich wird er krank.

Mit derselben Zuverlässigkeit, mit der ihm vor Kurzem noch Hypochondrie vorgeworfen wurde, wird ihm nun vorgeworfen, sich nicht ausreichend um seine Gesundheit gekümmert zu haben. Er sei ja total fühllos, heißt es. Kein Wunder, heißt es, dass er krank sei: So wie er mit sich umgehe. Jetzt gibt er es auf, sich mit dem Thema zu beschäftigen, bei dem er nicht gewinnen kann, das heißt: Er gibt seinen Körper auf. Um die negative Reaktion auf sein Fühlen zu vermeiden, ist er wirklich fühllos geworden. Wie der Fußballer beim Grätschen und Köpfen, der Hektiker beim Sex und der zur bloßen Behauptung seiner Autorität verkommene Chef. Versucht der Mann aus diesem Ruf herauszukommen, sich also mehr um seinen Körper zu kümmern, wirft man ihm schnell Hypochondrie vor. Er kokettiere und simuliere, heißt es jetzt wieder.

Diese über Jahrhunderte betriebene Körperpolitik ist soldatischen Ursprungs und zielt nur auf die ökonomische Verwertung des Mannes zum Wohle aller. Sich loswerden zu wollen, ist unter diesen Umständen eine verständliche Reaktion. Der Mann sagt nicht mehr klar und deutlich, was er hat. Er weiß es nicht und möchte es nicht wissen. Längst artikuliert er sich nebenbei, wirft einmal eine Bemerkung über Magenschmerzen oder ständigen Schwindel hin, in der fatalen Hoffnung, es werde jemand Verantwortung übernehmen.

Schließlich geht es sowieso nie um ihn, sondern immer nur um einen ganzen Kanon anderer Themen, die anstelle seiner Gesundheit verhandelt werden: Die Interessen der anderen, der Gemeinschaft, in die der Mann seine Gesundheit einzuzahlen hat, um die Mitgliedschaft zu erwerben.

Übrigens: Wenn er wirklich und unübersehbar krank geworden ist und vielleicht zum ersten Mal Fürsorge spürt, dann möchte der Mann lieber die Zeit anhalten, als gesund zu werden. Jetzt simuliert er, denn er möchte nicht zurück in die Situation, die ihn krank gemacht hat und unausweichlich wieder krank machen wird.

Dieser Teufelskreis ist die systematische Gewalt gegen den Mann, der er nicht entkommen kann. Sie ist die Somatik einer psychisch kranken Gesellschaft, die panische Angst hat, unterzugehen, weil die Männer nicht genug leisten. Wenn diese Angst aus der Abhängigkeit vom arbeitenden, mobilen Männerkörper entstanden ist und gegebenenfalls auch aus den resultierenden Ohnmachtsgefühlen diesem Männerkörper gegenüber, dann wären wir wieder bei den Mutmaßungen über die Ursprünge des Patriarchats angelangt. Und müssten feststellen, dass die technische Moderne und der Feminismus das Problem längst gelöst haben. Niemand ist mehr abhängig von der Arbeitskraft des Mannes. Wir können mit der Gewalt gegen ihn aufhören.

DER MANN KANN ein anderes Leben führen. Ihn jenseits seiner Leistungsfähigkeit nicht zur Kenntnis nehmen zu wollen, ist eh ein aussichtsloses Unterfangen. Pauls Vater versucht es mit dem Angstlöser Alkohol zu bewerkstelligen, mit dem schon meine Kameraden beim Zelten immer so souverän hantiert haben. Deshalb hatte Paul sich in den Foren der

Alkoholiker nach Rat umgesehen. Dort hieß es immer wieder: Ende sechzig ist dein Vater? Wieso lasst ihr ihn dann nicht trinken?

»Weil der Trinker«, schrieb Paul zurück, »bei zwei Flaschen Wodka am Tag nur noch im Hobbykeller auf der Couch liegt, grausam riecht, eine Stunde Schlaf pro Nacht bekommt und die anderen, die ihm längst die Autoschlüssel weggenommen haben, vor dem Morgengrauen die Haustür zufallen und das Fahrrad quietschen hören, mit dem er zur Tankstelle fährt, die eben aufgemacht hat. Sie hoffen, kein Martinshorn zu hören und ihn nicht sehen zu müssen.«

Es kam keine Antwort im Forum. Deshalb schrieb Paul weiter: »Weil seine Frau ihn braucht, die auch nicht mehr die Jüngste und Gesündeste ist, weil sie zur Goldenen Hochzeit eine Kreuzfahrt in Norwegen gebucht haben, weil er gerade die dritte Enkelin bekommen hat, endlich, er hat sie noch gar nicht gesehen, und weil er ein Leben lang für die anderen gearbeitet hat und seine Freiheit eigentlich anfangen sollte, der unbeschwerteste Teil seines Lebens, seit er ein Kind war.«

Geldsorgen hat Pauls Vater nämlich trotz Pleite zum Glück nicht, dafür kam sie zu spät. Es antwortete von den Alkoholikern, die zuvor die Worte Missbrauch und Rückfall abgelehnt hatten und lieber von Genuss und Vorfall sprachen, keiner. Das sei normal, sagte der Administrator, viele tauchten ab, und nach Monaten seien sie reumütig wieder da. Aber es kämen natürlich nicht alle wieder.

Sein Vater habe nie gelernt, seine Bedürfnisse zu formulieren, meint Paul. Sein Vater kenne sich überhaupt nicht, und zum Glück seien wir da jetzt schon viel weiter.

Ich bin skeptisch. Ich glaube auch nicht, dass Frauen

schon aus ihrem historischen Wutbad gestiegen sind und sich abgetrocknet und angezogen haben. Sie wissen nicht realistisch, wie sie sich die Männer vorstellen, mit denen sie leben wollen. Erst jahrzehntelang auf dem Spielplatz nach dem Vater zu schreien und dann, wenn er endlich kommt, die Polizei zu rufen, ist jedenfalls, na ja … Es wird Zeit, erwachsen zu werden.

Deshalb gibt es noch eine Forderung:

4. Überlegt euch gut, was ihr Machbares von und für uns wollt. Dann überlegen wir uns, inwieweit wir dabei sind.

Rechtenachweis

Illustration auf S. 60 von Yuko Tonohira

Zitate von Olympe de Gouges aus *Die Rechte der Frau und andere Schriften*. Parthas Verlag: Berlin 2006

Zitat von Simone de Beauvoir aus *Das andere Geschlecht. Sitte und Sexus der Frau*. Rowohlt Verlag: Reinbek 1968

Zitat von Ada Lovelace aus Benjamin Woolley, *Ada Lovelace – Die Poetin der Mathematik*. Aufbau Verlag: Berlin 2005